# Novamente Juntos

Romance de Antônio Carlos
Psicografia de
Vera Lúcia Marinzeck de Carvalho

"Emprestar é um prazer,
DEVOLVER é meu DEVER."

**Novamente Juntos**

Copyright by © Petit Editora e Distribuidora Ltda. 1999

1ª edição: novembro de 1999 - 50.000 exemplares

Direção editorial:
**Flávio Machado**

Coordenação editorial:
**Sílvia Sampaio Ribeiro**

Capa (criação):
**Flávio Machado**

Diagramação:
**Marcio da Silva Barreto**

Revisão:
**Sheila T. Fabre**
**Leticia Castello Branco Braun**

Fotolito da capa:
**Diarte**

Impressão:
**Unidade Gráfica da Editora do Brasil**

**Dados Internacionais de Catalogação na Publicação (CIP)**
**(Câmara Brasileira do Livro, SP, Brasil)**

Carlos, Antônio (espírito).
Novamente Juntos / romance de Antônio Carlos; psicografia Vera Lúcia Marinzeck de Carvalho. – São Paulo : Petit, 1999.

**ISBN** 85-7253-059-2

1. Espiritismo 2. Psicografia 3. Romance brasileiro
I. Carvalho, Vera Lúcia Marinzeck de. II. Título.

99-3649 CDD–133.93

**Índices para catálogo sistemático:**

1. Romances mediúnicos: Espiritismo 133.93



**Impresso no Brasil, na primavera de 1999.**

# Novamente Juntos

Romance de Antônio Carlos
Psicografia de
Vera Lúcia Marinzeck de Carvalho

petit editora

Rua Atuaí, 383 - Vila Esperança/Penha
CEP 03646-000 - São Paulo - SP
Fone: (11) 6684-6000
Endereço para correspondência:
Caixa Postal 67545 - Ag. Almeida Lima
03102-970 - São Paulo - SP

www.petit.com.br
petit@petit.com.br

*Não encontrando os livros da Petit nas livrarias, solicite-os pelo reembolso postal.*

Dedico este livro a todas as pessoas que auxiliam,
esclarecendo para que os ajudados possam
ter sua caminhada facilitada. E com especial
carinho às que ajudam com conhecimento,
fruto do estudo da Doutrina Espírita.

Antônio Carlos

À Angélica, minha filha amada, com todo o meu carinho, dedico esta obra.

Vera

São Carlos, primavera de 1999.

# Sumário

# 1
# Mudança de Vida

Ventava forte. Ana abotoou o casaco. Esfriava e certamente logo iria chover. Mas nada disso a interessava, estava distraída com seus pensamentos. Andava depressa, descia a ladeira quase a correr, pois não queria chegar muito tarde em casa, mas já estava bem atrasada. E com certeza seu pai, preocupado, estava nervoso esperando-a. Até que Ana o compreendia. Senhor Alberto, seu pai, desde que a esposa morreu e os outros três filhos se casaram, tinha por ela, a caçula, redobrada atenção. E isso a incomodava, afinal, estava com quase vinte e quatro anos, era adulta, trabalhava e queria ter liberdade para fazer o que quisesse. Julgava-se incompreendida, principalmente porque toda a sua família não queria que ela se encontrasse com Gilberto, seu namorado.

Abriu a porta de casa aliviada, a ventania estava incomodando-a. E seu pai, como sempre, estava na sala, sentado na sua poltrona preferida.

– Ana, minha filha, você se atrasou. Onde estava? – Perguntou.

– Na casa da Carina – mentiu. – Não o avisei no almoço que ia à casa dela?

– Sim... Bem, vou dormir – disse o senhor Alberto. – Vá descansar, filha, amanhã terá de levantar cedo. Boa noite!

Ana foi para o seu quarto. Gostava de sua casa, de seu quarto. Embora sem luxo, tudo era decorado com gosto. Suspirou e a lembrança de sua mãe veio à sua mente.

– Mamãe, estou com saudades! – Murmurou.

Dona Rita, sua mãe, falecera havia doze anos. Ana se lembrava dela com carinho, fora uma pessoa especial, bondosa, excelente genitora. Talvez por isso o pai nunca quis se casar novamente.

Dona Rita, quando ainda estava com eles, tentava ajudar a todos. Ana sentia falta dos conselhos maternos, pensou:

"Será que se mamãe estivesse conosco iria ficar também contra mim? Ela não gostava de mentiras, iria me recriminar por estar mentindo. Mas eles estão me obrigando a isso. Não querem aceitar o Gilberto."

Sentiu remorso. Não gostava de ter de inventar desculpas todas as vezes em que ia se encontrar com o namorado.

Ana tinha três irmãos: Carlos, Lúcio e Maísa. Estavam todos casados, tinham filhos, problemas, mas ainda tinham tempo de implicar com ela. Estavam do lado do pai e interferiam muito em sua vida. Ana pensava assim. Julgava-se certa e não queria nem analisar os argumentos deles, nem sequer imaginar que poderiam ter razão. Gostava de Gilberto e pronto. Não ligava para o que eles falavam do moço, que não era bom partido.

– Ora – resmungou novamente –, eles não entendem que ele é o homem que amo.

Conversara com a irmã pela manhã e as palavras de Maísa ressoavam ainda em sua mente:

"Ana, ninguém sabe ao certo quem é esse moço. Talvez seja até casado! Você não é nenhuma adolescente, já é adulta para saber o que é errado ou o que é bom para você. Por favor, minha irmã, escolha um bom moço para se casar."

Ela não respondeu, mas pensou com ironia:

"Escolher? Como escolher? Como se fosse possível dar preferência a alguém nesta cidade! Há tempo que não tenho namorado, agora que Gilberto está interessado em mim, eles me pedem para abandoná-lo!"

Lembrou os acontecimentos de sua vida. Não eram muitos os importantes. Tímida, teve poucas amigas, agora todas casadas, e alguns namoricos sem importância, nada sério, ninguém a que devesse dar mais atenção. Gilberto surgiu na sua vida quando Ana estava carente e achando que ia ficar solteira. Não se importava com esse fato, mas seus familiares sim, queriam vê-la casada. Só que achava falta de um companheiro, alguém que a protegesse, lhe desse atenção. E Gilberto lhe enchia de mimos e carinhos.

"É o homem de minha vida e eles não têm o direito de me impedir de ficar com ele! Talvez..."

O namorado às vezes parecia esconder algo. "Será que é casado? Acho que não! Ele vai tão pouco à sua cidade natal" – pensou.

Ele falava raramente de sua família, dizia que os pais tinham morrido, os dois irmãos mudaram para uma cidade grande e nunca mais deram notícias, e que tinha uma irmã com quem não se dava bem.

Ana achava Gilberto bonito: alto, forte, olhos esverdeados, cabelos lisos e castanhos e o sorriso um tanto maroto.

"Eu – pensou, observando-se no espelho – não tenho nada de excepcional, nada mesmo..."

Ana tinha estatura média, cabelos e olhos castanhos, lábios pequenos, uma pessoa comum.

– Muito comum! – Balbuciou. – Não gosto do meu nariz. É um pouco grande. Perto de Gilberto, sou bem feia. Não sei por que ele se interessou por mim... Ah, mamãe! Que falta sinto da senhora! Se estivesse aqui iria me ajudar. Acho que papai não quer que eu me case para não ficar sozinho, e meus irmãos, egoístas, para não sobrar para eles cuidarem de papai, que está adoentado. É isso mesmo!

Ana havia ido encontrar-se com o namorado e estava um pouco preocupada e até com certo medo. Achava que estava grávida e não sabia como Gilberto iria receber a notícia, nem seus familiares.

Cansada, acabou dormindo.

Levantou-se cedo como de costume, fez o café, colocou de molho a roupa que ia lavar e foi para o trabalho. Estava sempre resmungando. Queixava-se de que além de trabalhar muito no emprego ainda havia o serviço de casa.

Era vendedora numa loja de tecidos. Ficava de pé o tempo todo, mas sabia que não iria ter por muito tempo esse emprego. O dono deixava bem claro que só empregava moças solteiras. “Casou, tem de deixar o emprego” – dizia ele.

Antes de ir para casa almoçar, passou no laboratório e pegou seu exame. Não abriu, colocou-o na bolsa, deixou para fazê-lo em sua casa.

Ao chegar encontrou o almoço pronto, o pai havia feito; a irmã lavara toda a roupa e a cunhada limpara a casa.

Almoçou calada, só trocou umas palavras com o pai. Estava aflita para ver o resultado do exame. Lavou rápido a louça e foi para o quarto.

“Estou grávida ou não?” – Pensou, ansiosa.

Abriu o envelope e veio a confirmação: estava grávida. Não quis chorar, respirou fundo e secou as lágrimas que teimaram em escorrer pelo rosto.

– Vou ser mãe – murmurou. – Um ser se forma no meu corpo!

Voltou ao trabalho como se nada tivesse acontecido. À noite foi ansiosa ao encontro de Gilberto, e assim que o viu, falou, nervosa:

– Gilberto, tenho algo muito sério para dizer a você. Peguei o resultado do exame e estou grávida...

O moço a abraçou rindo, alegre.

– Ana, que alegria! Nosso filho será lindo como você. Estou muito contente!

– Gilberto, iremos nos casar, não é? – Perguntou a moça, nervosa.

– Ana, já não tenho como esconder... Fiz muitas coisas erradas em minha vida... Era bem moço, estava com vinte e um anos quando engravidei uma namoradinha e tive de casar. Nunca a amei e nosso relacionamento não durou muito. Perdoe-me! Diga, Ana, por Deus, que me perdoa! Ao conhecê-la, me apaixonei e tive medo de que você não me aceitasse se soubesse que sou casado. Amo, adoro você! Se pelo menos houvesse divórcio! Não queria lhe dar este desgosto. Meu casamento foi um erro e acabamos por nos separar. Ana, vamos viver juntos. Por favor... Seremos como casados e um dia tenho a certeza de que poderemos nos casar. Prometo a você!*

Gilberto falava depressa, Ana escutava, querendo entender. Por fim balbuciou:

– Você é casado!

– Mas é como se não fosse, não sinto, já falei, foi um erro. Perdoe-me! Diga que não irá me abandonar, que ficará comigo!

– Sem casar? – Perguntou ela, triste.

– O amor deve ser sempre o mais importante. Para mim, para nós, é como se estivéssemos casados!

– Gilberto, você casou porque a moça estava grávida. Você tem filhos? – Indagou-o olhando nos olhos.

– Duas meninas... – Respondeu ele. – Lívia e Vanessa, são duas crianças lindas. Eu cuido delas, mando-lhes dinheiro e quando vou a minha cidade natal é só para vê-las.

– Como chama sua esposa? – Perguntou.

– Ana...

– Gilberto, perguntei qual é o nome dela.

– Ela se chama Ana como você. Só que são tão diferentes! Você é especial, a mulher da minha vida. Fique morando comigo! Moraremos nesta casa, sei que é simples, mas devo ter aumento de salário e aí iremos para outra melhor. Aqui você será a rainha do meu lar, da minha vida.

– Lá em casa eles não irão gostar – disse ela.

– Já não gostam... O que eles não querem é perder você, a empregadinha... Eles não querem que você seja feliz.

– Gilberto, ao saberem que estou grávida perderei meu emprego.

– Não faz mal, quero você só cuidando da nossa casa, de mim e do nosso filho.

– Ou filha – corrigiu Ana.

– Claro – falou ele, sorrindo. – Disse filho por força de expressão. Vamos, vou levar você à sua casa, pegará suas roupas e essa noite mesmo virá para cá. Você é para mim a minha esposa, e eu cuidarei com todo o amor e carinho de você.

---

* Como o leitor deve ter percebido, essa história se passou antes de o divórcio ser legalizado no Brasil (Nota do Editor).

Gilberto era entusiasmado, eufórico, decidia tudo com ímpeto. Tratava Ana como se ela fosse realmente muito importante para ele. Falou tanto que ela não deu importância ao fato de ele ser casado. Compreendeu-o. O moço não deixou que pensasse nem deu tempo para ela dar atenção a uma voz lá no fundo do seu íntimo, que lhe pedia para ter cautela e que não deveria magoar seus entes queridos. Nem lembrou que amava o pai, a família e que eles iriam sofrer com a sua atitude.

E lá se foram os dois para a casa dela. Ele foi falando o tempo todo como seriam felizes juntos, do filho maravilhoso que teriam.

– Esperarei você aqui! – Disse Gilberto.

Ficou aguardando Ana em frente à sua casa. Ela entrou. Seu irmão Lúcio estava conversando com o pai.

– Ana, estou esperando-a porque preciso conversar com você – disse o irmão.

– É bom mesmo que esteja aqui, vou pegar minhas roupas e ir embora com meu noivo.

– Ana... – Disse o senhor Alberto, lamentando, mas os dois irmãos se olharam enfurecidos, se exaltando, e não deram atenção ao pai, que ficou pálido.

Lúcio falou:

– E que nunca deixará de ser noivo! Ana, você está maluca! Descobri que Gilberto é casado. Soube disso hoje e estava aqui falando sobre isso com papai. Tínhamos razão, esse sujeito não presta!

– Ana! – Senhor Alberto falou alto. Os filhos olharam assustados para ele, que passou a falar num tom mais baixo: – Filha, bem que tentamos avisá-la. Mas parece que você mentiu para nós, estava se encontrando com ele escondido. Agora que sabe que ele é casado vai desistir dele, não vai?

– Não e não! – Gritou Ana. – Vocês estão contra mim, não querem que eu seja feliz! Os manos não querem que eu me case porque terão de cuidar do senhor. E o senhor, papai, não quer perder a empregadinha que sou!

– Cale-se, Ana! Não fale assim com papai! Nada disso é verdade! Você nunca foi tratada como empregada. E queremos o papai conosco. O que estamos tentando fazer é com que você não se dê mal, que não seja infeliz ao lado de um canalha! Sabemos que Gilberto é má pessoa. Entenda isso! Ele é casado! – Falou Lúcio, aos gritos.

– Sei disso! – Respondeu Ana, exaltada. – Não podemos nos casar, mas viveremos como marido e mulher.

– Filha, por favor, não faça isso! – Pediu o senhor Alberto.

– Vou e vou! Ninguém irá me impedir!

Ana correu até seu quarto e se pôs a juntar suas roupas, colocando-as em duas malas. Seu irmão entrou no quarto.

– Ana, não dê esse desgosto ao papai, por favor, vamos conversar com calma.

– Lúcio, estou grávida e vou morar com Gilberto, doa a quem doer. Não me impeça! – Falou Ana compassadamente.

O irmão a olhou por instantes, procurando se acalmar. Falou em tom mais baixo.

– Não a estou impedindo, queria apenas que entendesse. Mas se está grávida, é melhor ir mesmo.

Saiu do quarto e ela, mais rápido, continuou a pegar suas roupas. Ao passar pela sala, Lúcio estava sentado ao lado do pai.

– Ana, minha filha – disse o senhor Alberto –, você agiu muito errado e, por favor, não erre mais. Confiava em você! Será para nós uma vergonha sua gravidez, mas se quiser ficar, daremos um jeito. Porém, se sair, não volte nunca mais a esta casa.

Ana parou um momento. Olhou para o pai, o sofrimento estava visível no rosto dele, mas ela não hesitou, se encaminhou para a porta.

– Ana – disse o irmão –, nunca mais volte! Você está morta para nós! Filha ingrata!

Ela saiu rápido, não queria que tivesse acontecido assim, seria bem melhor que todos a compreendessem. Lágrimas escorreram pelo seu rosto. Gilberto, ao vê-la, veio ao seu encontro. Pegou as malas e a beijou no rosto.

– Que foi? Brigou com seu pai?

– Eles não aceitaram...

– Não ligue, agora serei sua família. Amarei você por todos.

Ana estava triste, mas não ficou assim por muito tempo. Gilberto, entusiasmado, alegre, falava de planos maravilhosos, seriam com certeza muito felizes.

– Ana – disse Gilberto, animando-a –, assim que nosso filho nascer, tudo ficará em paz. Verá que seu pai a perdoará.

– Ele é tão firme em suas opiniões...

– Mas se renderá ao nos ver felizes. Depois, se ele não a perdoar é porque não merece mesmo a filha que tem. Não fique triste!

Ela enxugou as lágrimas e sorriu para ele. Gilberto devia ter razão, pensou. O importante era ser feliz com o homem que a amava.

A casa de Gilberto era simples, num bairro afastado, ficava situada longe de todos os seus familiares e da casa de seu pai. Era pequena, desconfortável, mas para ela, apaixonada, estava tudo bem. Dormiu reconfortada nos braços dele. No outro dia não levantou cedo, quando o fez, limpou alegre o seu lar e só à tarde foi ao seu emprego e se despediu. As amigas a abraçaram, desejando-lhe felicidades. Recebeu os cumprimentos um tanto sem jeito. Sentiu vergonha ao dizer que estava grávida e que não iria se casar. Ficou encabulada ao dizer onde iria morar.

– É por pouco tempo – desculpou-se. – Logo que Gilberto tenha aumento, mudaremos, aí voltarei aqui para convidá-las para ir à minha casa.

Saiu da loja com vontade de chorar, ia sentir saudade, principalmente das colegas. Percebeu com tristeza que ultimamente se afastara das amigas, só saía com Gilberto, e a sua melhor amiga, ou pelo menos a que considerava ser sua amiga, não gostava de seu namorado. Aconselhou, insistiu para que Ana se afastasse dele, até parecia que agia assim a pedido de seu pai. Acabaram brigando e não conversaram mais.

Reagiu, não queria ficar triste. "Nada é perfeito" – pensou. Com o dinheiro que recebera, comprou objetos para a casa. Procurou se distrair com a arrumação do seu novo lar e tentou não pensar nos familiares.

Gilberto era encantador, lhe trouxe flores à noite e tudo fez para alegrá-la e para que esquecesse a briga com a família.

– Ana, verá que logo eles a procurarão e tudo ficará bem entre vocês.

– Não sei não, papai é tão irredutível! Nunca o vi voltar atrás no que diz.

Três dias depois, Ana foi à casa de Carlos, seu irmão, no horário que sabia que ele não estava, para pedir à cunhada Geni um favor. Elas sempre se deram bem, confiava nela.

– Geni, pegue para mim o restante de minhas roupas. Estou com receio de ir lá e papai se zangar comigo.

– Ana – disse Geni, olhando-a com carinho –, será que você precisava fazer o que fez? Estamos sentidos com você. O senhor Alberto está adoentado de tanta tristeza. Acho que é melhor mesmo você não ir mais lá. Ele está falando para todos que você morreu para ele e devemos esquecer que você existe.

– Não tenho culpa, Geni, foram vocês que não aceitaram Gilberto.

– Você não acha estranho todos acharem uma coisa e só você outra? – Indagou Geni.

Ana tentou se justificar, falando apressada:

– É porque não conhecem o Gilberto como eu. Se conhecessem, mudariam de opinião. Mas você vai ou não me fazer esse favor?

– Vou fazer. Carlos acha que devemos tirar logo tudo que resta de seu de lá. Ana, iremos mudar para a casa de seu pai no final de semana. Sabe que sempre gostei dele como se fosse meu pai e não queremos que fique sozinho. Você estava errada quando dizia que não queríamos que você se casasse para não ficarmos com ele. Vou mudar para lá e é com prazer que o faço, tenho a certeza de que ele estará melhor conosco do que com você, que ultimamente já não era a boa filha que sempre foi. Ana, Carlos e eu pegaremos amanhã tudo que é seu e pagaremos um frete para que seja entregue na sua casa.

– Agradeço, Geni – disse Ana. – Acho que você está querendo me dizer que não é para eu vir mais aqui.

– Como já lhe disse, iremos nos mudar. Carlos, como os seus outros irmãos, estão magoados pelo que você fez ao seu pai. O senhor Alberto não quer mais vê-la e nós também não. Você escolheu e espero que realmente tenha optado pelo melhor para você.

Ana sorriu sem graça. Sentiu um pouquinho de ciúme. A casa de seu pai era boa, situada num bairro nobre, tinha três quartos, era arejada, com um jardim com muitas flores. Tinha esperança de que o pai os chamasse para morar lá, mas com a mudança do irmão, teve a certeza de que o genitor não o faria.

– Obrigada, Geni – disse Ana, nervosa.

Sentindo que a cunhada queria que fosse embora, despediu-se. Foi para casa pensando:

"Papai estará bem. Com Geni e Carlos morando lá, não ficará sozinho, não preciso me preocupar com ele nem com ninguém, minha atenção deve ser para com Gilberto e o nenê."

Porém, sentiu ter sido substituída tão rápido e por tudo ter se ajeitado sem ela.

"Será que eu não era tão importante? Ou não fiz por merecer ser?"

Tentou parecer alegre para Gilberto, tinha que se desligar da família, que já tinha se esquecido dela.

No outro dia cedo, uma charrete parou à sua porta.

– Dona Ana – disse o charreteiro –, sua cunhada Geni mandou isto para a senhora.

Desceu sacolas e caixas, colocou-as na sala e foi embora. Ali estava tudo que era dela: alguns livros, objetos, as roupas todas limpas e passadas, tudo em ordem.

"Parece até que estou vendo papai organizar estes objetos. Tudo arrumado, como sempre gostou."

Entristeceu-se ao pegar uma blusa, a que ele lhe dera de presente no seu aniversário. Pegou a peça de roupa, encostou-a no rosto e veio a imagem de seu pai, triste, com lágrimas nos olhos, arrumando aquelas caixas.

Tentou se animar e colocar tudo no lugar.

A vida de Ana mudou. Passou a cuidar da casa e de Gilberto. Não viu mais as amigas e parentes, conversava raramente com as vizinhas, que estavam sempre sobrecarregadas de trabalho e problemas. Teve uma gravidez tranqüila, embora tivesse enjoado muito.

Quando o nenê estava para nascer, Ana começou a perceber algumas mudanças em Gilberto. Chegou a reclamar com ele, que se defendeu:

– Desculpe-me, Ana, é que estou nervoso, queria lhe dar mais conforto, melhorar de vida. Ganho pouco e tenho ainda de dar dinheiro para minhas filhas.

– Entendo isso e não estou lhe cobrando nada, a não ser que seja carinhoso comigo. Falando em suas filhas, faz tempo que não vai vê-las.

– É verdade. Vou domingo. Lívia e Vanessa sentem minha falta. Não é coincidência demais minhas duas mulheres chamarem Ana? Ela se chama Ana Machado da Silva, e você, Ana Maria da Silva.

– Você e eu temos o mesmo sobrenome: Silva. Foi por isso que a vizinha da frente achou que fôssemos casados. Se casarmos não irei mudar o meu sobrenome, continuarei com o mesmo.

Riram.

Ana sentiu as primeiras dores e Gilberto a levou para o hospital. Não foi possível o parto normal, então foi feita uma cesariana. Nasceu um lindo e sadio menino, que se chamou Rodrigo.

– Gilberto – pediu ela –, vá, por favor, avisar meu pai e meus irmãos que nosso filho nasceu.

Ele foi contrariado, só para atendê-la. Foi recebido por Lúcio, que nem o convidou para entrar, apenas escutou-o, desinteressado. Quando Gilberto calou-se, o irmão de Ana disse:

– Obrigado. Diga a minha irmã que não nos interessa e que vocês sejam felizes.

Gilberto ia responder, mas Lúcio bateu a porta, deixando-o desconcertado. Ele foi embora raivoso e descontou em Ana seu mau humor. Ela chorou, sentida, ele saiu e só voltou para casa de madrugada, cheirando a bebida.

Gilberto foi mudando, passou a ir ao bar cada vez mais e por mais tempo, e já não a tratava como antes, estava sempre nervoso. Culpava-a pela falta de dinheiro e se queixava que tinha de dar mesada para as filhas.

Rodrigo não tinha nem um ano quando Ana novamente ficou grávida. Gilberto alegrou-se:

– Outro menino!

A segunda gravidez foi mais difícil e ela fez de tudo para evitar brigas com ele, que estava cada vez mais mal-humorado.

Sentindo dores, foi para o hospital sozinha, porque Gilberto havia ido passear. Deixou Rodrigo com a vizinha. Sentiu muitas dores, era um feriado e não havia médicos no hospital. Só no outro dia um médico resolveu fazer a cesariana.

– Doutor, por favor, me opere para que não tenha mais filhos.

E o médico a atendeu: lhe fez laqueadura após Marcelo ter nascido, sadio e forte.

Gilberto se alegrou com o filho, mas logo voltou à sua vida de bares, bebedeira e nervoso em casa. Ana nem tentou dessa vez avisar a família. Durante todo o tempo decorrido, só tinha visto de longe um sobrinho com a cunhada. Tinha saudade e lhe doía o fato de eles não quererem nem ver seus filhos.

Marcelo tinha três meses quando Ana passou a fazer quitutes para o dono de um bar perto de sua casa. O dinheiro que Gilberto lhe dava era suficiente apenas para comprar alimentos. Necessitavam de tudo: roupas, remédios, tratamento dentário, porque nunca mais, desde que viera morar com ele, fora ao dentista. Passou a trabalhar muito, ele só pagava o aluguel e o resto ela tinha de bancar com o dinheiro que recebia fazendo salgados e doces.

"Solteira, reclamava do serviço de casa e eu fazia tão pouco. Papai me ajudava e tantas vezes encontrei comida já pronta, até no meu prato. Minha irmã e minhas cunhadas ajudavam tanto! Meu trabalho na loja era tão leve! Como eu era feliz e não sabia!"

Começou a pensar muito no seu pai e a ter saudade de casa, dos irmãos, da vida que tinha. Estava sempre cansada, trabalhava às vezes até tarde ou levantava de madrugada para dar conta de tudo. Gilberto quase não parava em casa.

– Ana – exigia ele –, quero minhas roupas bem lavadas e passadas. Sabe que tenho de me vestir razoavelmente bem no trabalho.

– Gilberto, estou trabalhando demais, estou cansada. Você bem que poderia ficar mais em casa e me ajudar.

Gilberto virou-se e lhe deu um tapa no rosto, que se não fosse a parede ela teria caído no chão.

– Vagabunda! Não me encha mais ainda! Não agüento mais essa vida miserável!

Saiu nervoso. Ana ficou atônita, doía o rosto, que avermelhou, mas interiormente doía mais. Chorou por horas, sentida.

"Papai tinha razão! Gilberto não presta! Por que fui entender isso só agora?"

Ficou com mais saudade ainda dos seus parentes. Sabia pouco deles e resolveu ir visitá-los no domingo. Gilberto, todo domingo, saía cedo para jogar futebol com os amigos e só voltava à noitinha. Não falou nada a ele, temendo que a impedisse ou quisesse ir junto. Pela manhã, Ana se arrumou da melhor maneira possível e também aos meninos e foi esperançosa rumo à casa do pai.

Aproximou-se do seu ex-lar com o coração batendo apressado. Viu Carlos na porta. Ana o chamou, ele a olhou e veio devagar encontrar com ela.

– Ana! – Exclamou ele.

– Carlos, vim ver papai...

– Papai não quer vê-la. Para ele, para nós, você morreu quando saiu de casa naquele dia para juntar-se com aquele canalha. Papai sofreu muito, tivemos medo de que morresse por sua causa, sofremos também. Mas passou. Agora papai está tranqüilo, não se fala em você aqui em casa. Acho que não é o momento para você vê-lo.

– Você não quer que eu o veja? – Perguntou ela, se segurando para não chorar.

Carlos abaixou a cabeça, nem olhou direito para os sobrinhos, respondeu firme e em tom baixo:

– Não sou eu! Na verdade ninguém quer vê-la. Quando tiver oportunidade perguntarei a papai se ele quer recebê-la. Se aceitar, irei avisá-la. Você se deu mal? Pelo que sei daquele homem, deve ser infeliz. Sabemos que ele bebe, que vai muito em bares, tem amantes. Sinceramente, não queríamos isso para você, mas não posso deixar de lhe dizer ou lembrá-la que a havíamos prevenido sobre isso. Como acho também que só se lembrou de nós, de papai, por estar em dificuldades. É melhor voltar para sua casa. Você já nos trouxe dissabores demais.

– Carlos, não vim pedir ajuda.

– É melhor mesmo, Ana. Não iríamos ajudá-la. Fez sua escolha, agora agüente!

Virou-se e voltou para casa. Ana ficou olhando-o por alguns segundos, segurou a mão de Rodrigo com mais força e apertou Marcelo nos braços. Por mais que se esforçasse para não chorar, lágrimas escorreram pelo seu rosto.

Ana, desanimada, pôs-se a caminhar de volta ao seu lar.

– Estou cansado, mamãe – queixou-se Rodrigo.

Pegou os dois, também se sentia cansada e triste. Não andou muito e encontrou um vizinho que fazia frete com uma charrete. Ele lhe ofereceu carona. Ana aceitou, aliviada.

Sentia-se muito triste e não estava com vontade de conversar; o vizinho, pessoa boa, percebeu e começou a brincar com os meninos, que gostaram do passeio. Ao chegar, agradeceu-lhe, entrou em casa rapidamente e então chorou muito.

"Devo ter feito meus irmãos e papai sofrerem demais. Será que por isso estou sendo castigada? Não, acho que não! O que está me acontecendo é reação de minha imprudência. Não quis ver a realidade. Gilberto não me enganou, fui eu que não quis vê-lo como ele é realmente. Como minha vida mudou! Que mudança de vida!"

À tarde, quando Gilberto chegou, ela comentou com ele a tentativa de ver o pai.

– Bem-feito para você! Quem mandou ir até lá? Seria bom se eles nos aceitassem, talvez nos ajudassem. Porém, nenhum deles quer você ou seus filhos. Vê se entende isso e não os procure mais! Tenha vergonha!

– Gilberto, sofro com o desprezo deles! – Queixou-se ela.

– Ora, não me encha, você ultimamente só sabe reclamar.

– Separei-me deles por sua causa! – Gritou Ana, nervosa.

– Minha não! – Gritou ele também. – Você que foi culpada! Só você! Ficou grávida de propósito para me prender! Se você tivesse escutado seus familiares teria sido melhor não só para você, mas para mim também.

Ofendeu-a muito. Ana revidou e acabou levando uma surra. Doía-lhe o corpo, mas muito mais intimamente. Nunca pensou que pudesse ser surrada daquele jeito por alguém que julgou amar e ser amada.

E, a partir desse dia, quando falava algo que Gilberto achasse ruim, ele a espancava. Ana passou a evitar aborrecê-lo. Mas, às vezes, nem precisava falar nada; ao chegar em casa bêbado ele a surrava.

Queria achar uma solução, não sabia como, tinha medo dele. Pensou até em se separar, mas não tinha como sobreviver sozinha com os dois filhos, trabalhava muito e ganhava pouco. E depois que conversara com Carlos, tinha a certeza de que sua família não iria ajudá-la. Arrependeu-se.

"Mas – pensava – não se volta no tempo. Não dei valor à felicidade que tinha, não quis escutar as pessoas que realmente me queriam bem. Ah, se as tivesse escutado! Elas tinham razão, eu é que fui boba em acreditar nele! Não resta outro jeito senão aceitar esta mudança de vida, a que eu, iludida, escolhi."

E tentou fazer de tudo para viver do melhor modo possível.

# 2
# Anos Difíceis

– Ana – disse Délia, sua vizinha e amiga –, você precisa rezar, deve ir à igreja. Quando não rezamos as coisas pioram.

– É verdade, Ana – falou Antonia, outra vizinha. – Nunca vi você ir à igreja, acho que só foi no batizado de seus filhos. Por falar em batizado, cadê os padrinhos desses meninos? Eles não a ajudam?

– Nada! – respondeu Ana. – Nem os conheço direito, são colegas de trabalho de Gilberto. Eles, depois do batismo, não viram mais os afilhados. Gilberto diz que não os convida para vir aqui porque tem vergonha da casa pobre.

– Bem, voltando ao assunto, você deve rezar – insistiu Délia.

– Não tenho roupa para ir à igreja – queixou-se Ana.

– Ora, vá em um horário que não tem ninguém. Eu também tenho vergonha de ir à missa, vai muita gente chique. Se você quiser ir amanhã à tarde, fico com os meninos para você – ofereceu Antonia.

– Quero e agradeço, faz tempo que não entro em uma igreja para rezar.

– Reze com fé – aconselhou Délia – para sua vida melhorar e para que Gilberto se torne mais humano. Surrando-a assim, uma hora irá machucá-la muito.

Ana sorriu encabulada. As casas eram todas próximas, pequenas, não podia esconder o que se passava, ali todos sabiam o que acontecia. E era comum por ali o marido espancar a esposa. Ficou envergonhada ao escutar o que Délia falara, mas compreendeu que ela não fazia por mal. As vizinhas, principalmente as duas, eram pessoas boas e uma ajudava a outra no possível. Ana costumava ajudar Délia na lavagem de roupa e ficava muito com os filhos de Antonia quando ela tinha de sair. Elas retribuíam, eram amigas e Ana gostava delas. Ultimamente era só com as vizinhas que conversava. Não viu mais suas antigas colegas, encontrou certa vez com a que julgou ser sua melhor amiga, mas esta fingiu nem conhecê-la. Procurava ser boa amiga para as vizinhas e elas também gostavam dela.

No dia seguinte, Ana levantou-se mais cedo, fez menos salgadinhos e à tarde foi à igreja. Esta era longe de sua casa, teve de andar um bom pedaço. Alegrou-se, havia muito não saía sozinha e não precisaria preocupar-se com os meninos; eles ficariam bem com Antonia.

Entrou na igreja, sentou-se num banco e se pôs a observar tudo. O templo era bonito, sentiu paz e orou...

Nunca seguiu uma religião. A mãe, católica, ia raramente à igreja. O pai, presbiteriano, também quase não freqüentava. Para não brigar, seus pais não falavam aos filhos de sua religião e acabaram não deixando para eles uma orientação religiosa. Realmente, pensou ela, havia muito não rezava. Sentiu-se bem, como se tivesse recebido um alimento espiritual. De fato, a oração nos alimenta, fortalece, com ela atraímos energias benéficas e confortadoras.

Pena que não podia ficar mais tempo. Voltou para casa alegre. E, desde esse dia, Ana passou a orar, em casa mesmo, porque era difícil sair com as crianças para ir à igreja, pois tinham de andar muito e elas não agüentavam, e nem ela conseguia carregá-las. Ana não gostava de incomodar as vizinhas, pedindo para ficar com seus filhos, pois elas eram tão ocupadas e tinham tantas dificuldades...

Marcelo adoeceu, amanheceu com febre, diarréia e vômito. Ana inquietou-se e, a conselho das vizinhas, deu chás, mas ele foi piorando e logo à tardinha Rodrigo também começou a se sentir mal.

Apavorada, Ana pediu para o filho de Délia ir chamar Gilberto no bar. Délia veio ver como estavam os meninos. Preocupada, aconselhou-a:

– Leve-os ao médico! Vou com você ao hospital, vamos levá-los para um pronto-socorro! Eles estão piorando e não dá para esperar.

– Délia, não tenho dinheiro!

– Nem eu! Daremos um jeito, no hospital eles atendem os pobres de graça.

– Gilberto pode achar ruim... – Ana lamentou-se.

Délia a abraçou com carinho e falou:

– Vamos, Ana, não devemos ficar esperando por ele, nem sabemos se virá. À noite tudo complica e já são quase seis horas da tarde. Vamos!

Délia pegou Rodrigo e Ana, Marcelo, e saíram andando rápido rumo ao hospital. Délia teve mais iniciativa. Chegando ao hospital pediu, implorou para que atendessem os meninos. A enfermeira reclamou da hora, mas as deixou entrar. Olhou os garotos e disse:

– Vou chamar o médico.

O médico veio e examinou-os.

– Eles ficarão internados, vou medicá-los.

– Por favor, doutor – pediu Ana –, nunca me separei deles.

– Não tem outro jeito, senhora – respondeu bondosamente o médico. – Os dois têm de ficar internados e tomar os medicamentos. Ficarão na enfermaria, os colocarei juntos, assim não estranharão. Volte para casa sossegada, serão bem tratados. Amanhã à tarde poderá vê-los e, se estiverem bem, poderão ir com a senhora.

Ana os beijou se segurando para não chorar, para não assustá-los. A moça os levou. Rodrigo chorou, mas Marcelo estava tão fraco que não se importou; acomodou-se no colo da enfermeira, que o acalentou. Délia abraçou a jovem mãe e as duas retornaram aos seus lares. A vizinha, conhecendo Gilberto, entrou com a amiga em sua casa para defendê-la, se fosse preciso. Ele estava nervoso, esperando-a. Ao vê-la gritou:

– Ana, sua vagabunda, onde estava? Onde estão as crianças? Por que mandou me chamar? Quer levar uma surra?

– Calma, Gilberto – falou Délia com firmeza. – Nós fomos levar os meninos ao hospital e eles ficaram internados. Eles não estão bem. Estão passando mal...

– Estão doentes? – Gaguejou ele. – Ficaram lá sozinhos?

– Na enfermaria – respondeu Ana, chorando.

– Acho que vou sair e pedir dinheiro emprestado a amigos e pagar o tratamento deles. É isso! Vou e volto logo com o dinheiro. Não chore, Ana, darei um jeito – falou Gilberto.

Saiu.

– Ana, também vou indo – disse Délia.

– Obrigada, Délia, muito obrigada! – Ana se expressou, grata.

– Pelo menos Gilberto não lhe bateu. Não acredito que ele arrume dinheiro, deve ter ido ver a outra. Canalha! Procure descansar, amiga, os meninos estão bem. No hospital serão bem cuidados, tomarão remédios e logo estarão aqui de novo e sadios.

Ana ainda limpou a casa, lavou roupa. Só depois foi se deitar. Nunca, até então, sentiu tanto a falta de dinheiro e de apoio, e teve medo de os filhos morrerem. Sentiu um aperto no coração, quis ter um ombro amigo para chorar. Amava muito os filhos, eles eram tudo que ela tinha. Orou até que o cansaço a venceu e dormiu.

Sonhou com sua mãe. Estavam num lugar bonito, calmo, Ana achou que era num jardim. Dona Rita lhe afagou os cabelos, disse-lhe muitas coisas, mas ao acordar ela só se recordou dessas palavras: “Calma, minha filha, tudo passa, os meninos ainda ficarão mais com você”.

Gilberto só chegou de madrugada; cheirando a álcool, deitou e dormiu, nada comentou sobre o dinheiro nem dos meninos. No outro dia, ao sair para trabalhar, falou:

– Ana, não arrumei o dinheiro, mas meus amigos me garantiram que no hospital eles serão bem tratados; então fiquei tranqüilo. E você não deve se preocupar.

Ana trabalhou muito. O sonho lhe deu forças, teve-o na memória o dia todo, parecia que ainda sentia o carinho da mãe. Teve muita saudade dela, do pai e dos familiares.

À tarde foi ao hospital. A enfermeira levou-a para vê-los. Marcelo ainda estava tomando soro por via intravenosa, mas Rodrigo estava melhor, brincava no berço. Eles se alegraram ao vê-la. Ana, ao saber que os filhos estavam bem, ficou feliz, os abraçou e beijou.

– Mamãe – disse Rodrigo –, tomei injeção igual à do Marcelo e só chorei um pouquinho. A moça me deu comida, estava gostosa, tomei todo o leite, não senti frio, estou quietinho e obediente!

– Você já é mocinho, mamãe está contente com você.

– Dona Ana – disse a enfermeira –, o doutor falou que amanhã a senhora poderá levá-los. E que eles estão desnutridos, estão precisando se alimentar melhor.

Ana enxugou as lágrimas, a enfermeira observou-a bem e continuou a falar:

– Conheço algumas senhoras, pessoas boas, que ajudam famílias pobres, principalmente se têm crianças. Se a senhora quiser darei seu nome e endereço a elas. Este grupo doa roupas e alimentos.

– Quero sim, senhora, obrigada!

A enfermeira anotou seu nome e endereço.

"Meu Deus! – Pensou. – Precisar da caridade alheia para que meus filhos sejam mais bem alimentados. Que situação! Mas ainda bem que existem pessoas boas, que ajudam. Que Deus as proteja!"

Voltou triste para casa, mas aliviada por saber que eles estavam bem. Gilberto saiu do trabalho e veio direto para casa.

– Ana, você foi ver os meninos? Como estão eles? – Indagou assim que chegou.

– Estão melhor, a enfermeira disse que amanhã poderei trazê-los para casa. Gilberto, o médico falou que eles precisam se alimentar melhor.

– Você não lhes dá comida? – Perguntou ele.

– Claro que dou, mas temos sempre tão pouco! – Respondeu ela tristemente.

– Vou lhe dar mais dinheiro para que você compre frutas e leite para eles. Já que os meninos não vieram para casa e estão bem, vou me distrair um pouco, trabalhei muito hoje. Volto logo.

Saiu e Ana se pôs a trabalhar. Queria adiantar seu serviço para poder se dedicar mais aos filhos no outro dia. Concluiu, triste:

"Gilberto deve ter outra mulher. Meu irmão, Carlos, me disse naquele dia que ele tinha amantes. Délia deixou escapar que ele tem outra. Mas isso não me importa. Só queria que ele me tratasse melhor!"

No outro dia, Délia foi com ela ao hospital para ajudá-la a trazer as crianças. Gilberto veio para casa após o trabalho, trouxe leite e frutas, agradou os filhos e não saiu, fato raro. Os meninos gostaram, sentiram a falta de casa, da mãe, e se distraíram com as brincadeiras do pai. Mas já no outro dia ele voltou à rotina.

Dias depois, Ana recebeu a visita de três senhoras. Conversaram com ela, fizeram perguntas, Ana encabulou-se, mas respondeu com sinceridade.

– Meu marido e eu trabalhamos, vejam as senhoras, faço doces e salgados para o dono do bar lá daquela esquina, mas não dá. É que meu companheiro tem mais duas filhas com a esposa dele e as sustenta. O ordenado é pouco e...

– Está bem, dona Ana, vamos ajudá-la – disse uma senhora simpática. – Todo mês traremos alimentos e roupas. Aqui está a ajuda desse mês.

Ana recebeu a caixa, alegrou-se e agradeceu, comovida. O auxílio era uma bênção, agora poderia alimentar melhor os filhos. Assim, passou a receber a cesta todo mês, com alimentos e roupas. Só que ela temia que aquelas senhoras descobrissem que Gilberto bebia, que freqüentava bares. Teve medo de que elas não entendessem sua situação, que ela tinha medo dele, que era surrada, não queria ser tachada de mulher de malandro. Não gostava da vida que levava, mas não tinha como modificá-la.

"Tempos atrás – pensou – não acreditaria se me dissessem que alguém poderia agüentar tudo o que tenho passado. Certamente eu diria que essa pessoa estava assim porque queria, e que se quisesse realmente mudar daria um jeito. Mas quando é conosco é que vemos que não é tão fácil assim. Se sair de casa para onde irei? Quem me dará emprego com duas crianças? Ou onde deixá-las? Se pelo menos aqui nessa cidade tivesse locais onde elas pudessem ficar, como nas metrópoles grandes. Ou se meus familiares me aceitassem!"

Um dia, logo cedo, bateram à sua porta. Era uma mulher.

– A senhora é Ana Silva?

Ana observou-a, não a conhecia, não era das redondezas.

– Sou, sim! – Respondeu, curiosa.

– Seu irmão Carlos me pagou para procurá-la e lhe dar um recado. Trabalho no hospital, sou faxineira. Seu pai está internado e quer vê-la.

– Papai! O que meu pai tem? – Perguntou, aflita.

– Ele está doente e seu caso é grave. Aqui está o número do quarto dele. Seu irmão mandou lhe dizer que pode ir a qualquer hora e, se possível, para ir hoje. E que ele não está nada bem – respondeu a mulher.

Ana pegou o papel. Só estava escrito o número do quarto; teve uma ligeira tontura, tentou sorrir e disse baixinho:

– Obrigada!

Ficou com o papel na mão sem saber o que fazer. Lembrou de Délia e correu até sua casa. Ela estava lavando roupa. Contou-lhe tudo.

– Délia, que faço?

– Vá ver seu pai – respondeu a amiga.

– Se falar isso a Gilberto, ele não deixará!

– Pois não fale! Apresse seu serviço que apresso o meu. Vá à tarde visitar seu pai e deixe as crianças comigo.

– Vou fazer isso. Obrigada, Délia!

Fez seu trabalho aflita, pensou no pai o tempo todo. Como estaria ele? Será que iria morrer? O que ele queria com ela?

À tarde foi ao hospital. Na portaria, a atendente pediu que aguardasse um instante. Foram minutos que lhe pareceram horas. A moça sorriu ao retornar e lhe disse:

– Venha, senhora, a levarei até o quarto.

Com o coração batendo forte, acompanhou a moça. Tentava inutilmente se acalmar.

– É aqui. Pode entrar, seu pai está aguardando-a.

A moça abriu a porta, ela entrou, seu pai estava sozinho no quarto. Ana observou-o, teve vontade de chorar, ele estava pálido e muito magro.

– Papai! – Conseguiu finalmente balbuciar.

Ele abriu os olhos e sorriu.

– Minha filha! Aproxime-se!

Ela o fez timidamente. O pai a olhou bem e lágrimas escorreram pelo rosto.

– Filha, queria vê-la!

– Como está o senhor? – Perguntou ela.

– Mal, acho que irei morrer. Morrer? Não sei! Ana, tenho sentido muito sua mãe ao meu lado e isso me dá a certeza de que não morremos. Morrer deve ser só para o corpo; a alma é eterna, vai viver noutro lugar. Ninguém acredita que eu sinto sua mãe comigo. Ela quer que a perdoe e tem me falado em sonhos.

Ontem, ao acordar, até senti suas mãos me afagando os cabelos. Isso me tem dado muita força; tenho sentido dores, mal-estar, mas não reclamo. Rita me falou, não sei explicar como, mas a escuto, que você, filha, é infeliz, que se arrependeu, mas que ainda ficará bem, terá dias tranqüilos. Acredito nela, minha esposa nunca mentiu.

O senhor Alberto cansou, fez muito esforço para falar, ficou quieto, descansou por minutos. Ana se segurou para não chorar, ficou ali ao lado do leito sem saber o que fazer, só o olhando.

– Dê-me sua mão, filha!

Ana segurou a mão do pai com força.

– Papai, me perdoe!

– Perdôo, filha! Perdôo-a sim! Também fui intransigente. E você nunca me procurou. Queria conhecer seus filhos, meus netos. Eles são bonitos?

– São, sim! Posso beijar o senhor?

– Sim! – O senhor Alberto falou, suspirando.

Ana o beijou na testa e recebeu outro beijo no rosto. Sorriram entre lágrimas.

– Você acredita, filha, que eu escuto sua mãe? – Perguntou o senhor Alberto.

– Sim, papai, acredito – respondeu Ana com sinceridade.

– Ela me fala que ficaremos juntos num lugar bonito e teremos muitas alegrias. Obrigado por ter vindo, necessitava conversar com você.

– Eu amo o senhor! – Exclamou Ana, comovida.

Bateram de leve na porta e uma enfermeira entrou.

– Hora da injeção! Por favor, senhora, ele terá de dormir.

– Já vou! A bênção, papai! Fique com Deus!

– Deus a abençoe filha! Seja feliz!

Não queria ir, sentiu vontade de ficar mais ao lado do pai, esse lhe sorria docemente, ela o beijou de novo e saiu rápido. No corredor viu Lúcio, que lhe virou as costas. Ana foi embora, as lágrimas teimaram em escorrer pelo rosto. A reconciliação lhe fez bem, tirou um peso do seu coração, estar de bem com o próximo nos faz bem.

"Voltarei – pensou. – Depois de amanhã é domingo e virei vê-lo de novo. Carlos não contou ao papai que fui vê-lo aquela vez. É melhor que ele não saiba que não me deixaram visitá-lo".

Domingo pela manhã, bateram na porta. Ana se assustou, mas, em seguida, alegrou-se, pois era seu sobrinho. Havia tempo que não o via, estava moço e bonito.

– Romeu, que prazer em vê-lo!

Abriu os braços querendo abraçá-lo, mas ele se esquivou.

– A senhora mora aqui! – Disse o mocinho, espantado.

– Entre! – Convidou ela.

– Não posso, tia. Só vim avisá-la que vovô faleceu nessa madrugada. Está sendo velado na capela do cemitério, o enterro será às dezessete horas. Estou com pressa, tenho de avisar os outros parentes. Até logo!

Saiu apressado. Ana ficou olhando-o. Seu sobrinho Romeu lhe era muito querido, o mais velho e que muito pajeara. Agora, uma pessoa indiferente, viera ali só para cumprir uma obrigação, avisá-la da morte do pai. Ao se lembrar de seu genitor, entristeceu:

"Não fui boa filha! – Pensou. – Sempre reclamei de tudo, exigia, e a vida me ensinou, poderia bem ter aprendido pelo carinho, amor, a dar valor ao que tinha. Espero ter aprendido! Vou vê-lo. Não, só irei ver o seu corpo, foi no hospital que o vi pela última vez."

Gilberto já havia saído e dessa vez recorreu à Antonia, que ficou com os meninos para ela ir ao cemitério. No caminho foi pensando nos momentos felizes em que viveu no lar de seus pais. No seu aniversário era sempre uma festa, ganhava presentes dos irmãos, os pais faziam uma festinha para seus amigos. Mesmo depois da morte da mãe, o pai fez questão de continuar fazendo festa. Não podia dizer que estava sentindo uma dor que o pai logo ia fazer chás e lhe dar remédio.

"Estava sempre sendo mimada. Agora tudo é diferente, até cheguei a esquecer o meu aniversário este ano, nunca mais ninguém me deu presentes. E se reclamo de alguma dor para Gilberto, ele reage grosseiramente. Pior são as agressões. Quantas dificuldades tenho enfrentado! Que anos difíceis!"

Chegou um tanto encabulada, entrou na capelinha. Naquela época era costume velar em casa, mas alguns ficavam na pequena capela do cemitério. Ana não sabia se foi seu pai que tinha escolhido ou os irmãos. Aproximou-se do caixão, seu pai parecia dormir. Lembrou o que ele lhe disse sobre sua mãe.

"Os dois devem estar agora juntos e felizes" – pensou.

Só alguns tios vieram cumprimentá-la. Ana tinha a certeza de que todos ali presentes deveriam saber de suas dificuldades. Sentiu-se observada, teve vontade de chorar, esforçou-se e conseguiu segurar as lágrimas. Teve a sensação de que muitos deviam achar bem-feito ela ter se dado mal. Parecia que os pensamentos deles chegavam até ela: "Bem-feito! Ana escolheu! Vive com um homem sem ser casada!"

Sentindo-se deslocada, envergonhada, ficou num canto quietinha, orou para seu pai com fé, pediu a Deus que ele fosse acolhido num bom lugar. Sem saber explicar por que, teve certeza, sentiu que seu querido genitor não estava ali e que deveria guardar dentro dela os momentos de carinho da reconciliação. Achando que não deveria permanecer mais ali, foi embora antes do que planejara.

Ana teve uma sensação estranha, não ficou com vontade de chorar pela morte do pai, achou que ele estaria bem e que ele a amava.

Andou depressa e logo chegou em casa.

– Não ficou para o enterro, Ana? – Perguntou Antonia. – Os meninos estão bem.

– Senti-me deslocada lá, Antonia – respondeu Ana. – Meus irmãos e sobrinhos nem me olharam.

– Não fique triste por isso. O importante é que seu pai a perdoou e que fizeram as pazes.

– É! – Exclamou Ana, emocionada. – Sou grata a Deus por isso, por me ter dado essa oportunidade.

À noite, quando Gilberto chegou, contou a ele, que nada comentou. Ana se esforçou para não ficar triste, e quando lembrava do pai, o fazia com carinho, recordando os beijos que trocaram.

Cinco dias depois, Gilberto chegou furioso em casa.

– Ana, fui lá em sua casa, a que foi do seu pai. Encontrei seus irmãos e eles me ameaçaram, quase me bateram! Miseráveis!

– O que você foi fazer lá? – Indagou, espantada.

– Reclamar o que é seu! Espertos! Sabe o que eles fizeram? Devem ter forçado seu pai a passar em vida tudo para eles. Você não tem direito a nada! Não vai receber nem um centavo. Eles me mostraram os documentos, todos registrados. Para saber se de fato eram verdadeiros aqueles papéis, perguntei a um funcionário da fábrica que trabalha no escritório e que entende disso, ele me confirmou. Você foi deserdada!

Depois de ter xingado muito, foi para o bar. Ana suspirou aliviada, ainda bem que não lhe bateu.

"Gilberto não deveria ter ido lá – lamentou. – Não queria mesmo nada deles. Não fiquei magoada por papai ter feito isso, meus irmãos mereciam".

Não se falou mais nisso e sua vida continuou do mesmo jeito. Havia épocas em que Gilberto parecia estar de melhor humor, em outras pior, e por qualquer motivo lhe batia. Era exigente com sua roupa, queria estar sempre com ela limpa e bem-passada.

Um dia, ao ir entregar os doces e salgadinhos no bar, um homem a olhou atrevidamente.

– Então você é a mulher do Gilberto? O malandro não sabe dar valor à belezura de mulher que tem. Meu nome é Miguel, muito prazer!

– Prazer! – Respondeu Ana, virando o rosto e deixando-o de mão estendida. – Estou com pressa. Senhor Matias, pegue as bandejas que tenho de ir embora.

– Que pena! – Falou o homem cinicamente. – Poderia ficar um pouco mais e beber comigo, eu pago!

– Obrigada! Não bebo nem gosto de ficar em bar. Por favor!

Pegou as bandejas e saiu apressada. Logo após ter passado a porta, chegando à calçada, a toalha caiu e ela abaixou-se para apanhá-la. As pessoas que estavam dentro do bar não conseguiam vê-la. Pensando que ela estava longe, comentaram e Ana escutou:

– Miguel – disse o dono do bar –, dona Ana é mulher direita, trabalhadeira. Deixe a coitada em paz!

– Ora, será que ela quer paz como você diz? Bem que poderia não ser tão honesta. O marido a trai, está cada dia com uma! E ainda bate nela! Se ela me desse atenção até que gostaria de lhe dar uns tabefes. Pelo jeito ela gosta!

Riram...

Ana sentiu o rosto queimar, voltou rápido e triste para casa. Desconfiava de que falavam dela, mas ter certeza doeu. Todos pela vizinhança sabiam de seus problemas, sentiu-se humilhada.

"Sou orgulhosa ainda – pensou –, mas orgulho por quê?"

Havia muito tinha percebido que Gilberto, quando tinha caso com alguém, melhorava seu humor, e estava preferindo que ele sempre tivesse amantes, porque além de não amá-lo mais, tinha-lhe nojo.

"Amar? – pensou. – Será que algum dia amei Gilberto? Foi só uma paixão que com o tempo não restou nada..."

Em casa consolou-se, abraçando os filhos. Rodrigo estava com três anos e Marcelo com quase dois. Eram lindos e ela os amava muito.

"Ainda bem – pensou – que Gilberto não bate neles".

Ele não lhes dava atenção, via-os pouco, porque raramente ficava em casa, vinha para jantar, tomar banho, chegava tarde, saía cedo, horário que os meninos estavam sempre dormindo. Às vezes brincava com eles, falava com orgulho:

"Vocês, quando crescerem, vão ser doutores! Vão ser ricos, o pai irá aconselhá-los."

Ana ajeitou os filhos junto ao coração e beijou-os. Eles riram alegres. Rogou a Deus:

"Pai, me dê forças para criá-los, para protegê-los!"

# 3
# As Meninas

O almoço ainda não estava pronto quando Gilberto chegou nervoso. Ana assustou-se, ele fazia a refeição no trabalho e nunca viera naquele horário para casa.

– O que aconteceu, Gilberto? – Perguntou ela preocupada.

– Recebi na fábrica o recado de que Ana, a minha esposa, morreu... – Respondeu ele, empalidecendo.

– O quê? Mas ela era tão jovem! Estava doente? – Perguntou Ana, preocupada.

– Não sei, só me avisaram que ela faleceu. Acho que não estava doente, não se queixou de nada na última vez em que a vi. Tenho de ir lá cuidar de tudo, vou logo, no primeiro horário do trem. Arrume uma sacola com uma troca de roupa, talvez eu tenha de dormir por lá – respondeu ele.

– E as meninas? O que será delas? – Indagou Ana. – Devem estar sozinhas e sofrendo!

– Claro! – Falou Gilberto, aborrecido. – Perderam a mãe. Ana foi uma má esposa, não tenho sorte mesmo, duas Anas, duas pestes. Mas era boa mãe.

– Traga as meninas para cá, Gilberto, você é o pai – disse Ana com dó delas. – Tão novinhas e sem mãe!

– Não precisa me lembrar de que eu sou o pai. Até que gostaria de não ser. O que farei com tantas mulheres para sustentar?

– Eu o ajudo, não reclame! – Falou ela, tentando animá-lo.

– Ajuda? Ganha tão pouco! É melhor eu ir logo, senão perco o trem.

Ana ficou triste com a notícia. Era a primeira vez que via Gilberto tão preocupado. Ela sabia pouco sobre as meninas, ele raramente ia vê-las. Pelo que sabia, elas não tinham muitos parentes, podiam contar só com a mãe, já que o pai não se importava com nada. Teve dó delas e orou para que tudo pudesse se resolver da melhor maneira e pensou:

"Se as meninas vierem para cá, vou agradá-las, tratá-las bem, vou amá-las..."

Aguardou preocupada a volta de Gilberto. Três dias depois ele veio com as garotas. Ana as olhou com carinho, eram muito bonitas, estavam assustadas e tristes.

– Venham conhecer os seus irmãos – disse Gilberto a elas. – Este é Rodrigo, este é Marcelo. A casa é pequena, mas mudaremos para outra maior. Acomodaremos vocês esta noite aqui na sala. Amanhã irei à estação buscar as coisas de vocês que despachei pelo trem.

Gilberto falava, queria distraí-las, mas elas ficaram paradas, olhando tudo quietas e temerosas.

Os meninos se aproximaram delas, começaram a conversar e a fazer perguntas, mas as duas só respondiam com monossílabos. Gilberto fez um sinal para Ana ir com ele à cozinha e cochichou:

– A mãe delas morreu de repente, do coração. Sentiu-se mal, a vizinha chamou o médico, mas quando ele chegou ela já estava morta.

Ana tratou de tomar as providências para acomodá-las, pediu emprestado um colchão a uma vizinha e colocou na sala para que elas dormissem. Fez uma sopa da melhor maneira, com o que tinha, porém elas comeram pouco. Foram dormir. Ana comoveu-se ao vê-las abraçadinhas, deitadas no colchão. Uma dava força à outra.

No outro dia, Gilberto foi cedo à estação e voltou em uma charrete com alguns objetos. Ele comentou com Ana:

– Peguei isso da casa delas, tinham pouco, as meninas têm só o necessário, poucas roupas, duas camas e uma máquina de costura.

– Era da mamãe – disse Lívia. – Ela costurava para as freguesas.

– Vou ver se arrumo comprador para esta máquina. Como aqui ninguém costura, é melhor vender para termos dinheiro para nos mudar – disse Gilberto.

As meninas trocaram olhares, Ana sentiu que elas queriam ficar com a máquina, mas nada falaram. Falou com carinho para elas:

– Lívia e Vanessa, quero que se sintam à vontade, é a casa de seu pai, é de vocês de agora em diante. Não sintam medo! Sei que é difícil ser órfã de mãe, a minha faleceu também e compreendo a dor de vocês. Nós nos daremos bem.

– Será que ela não volta mesmo? – Indagou a menor, a Vanessa.

– Não – respondeu Lívia –, já nos falaram muito sobre isso. Mamãe foi e não voltará mais!

– Duvido! – Exclamou Vanessa. – Mamãe nos ama e dará um jeitinho de vir nos ver.

Ana saiu da sala, mas escutou Lívia dizer:

– Bem que mamãe achava que esta outra Ana deveria ser uma boba como ela. São bem pobres, tanto quanto nós, e ela trabalha muito.

– Sinto falta da mamãe e quero chorar! – Falou Vanessa.

– Não chore, irmãzinha, cuidarei de você.

– Você é tão pequena quanto eu! – Choramingou a menor.

Ana emocionou-se e chorou. Prometeu a si mesmo:

"São tão pequenas e sofrem tanto. Vou ajudá-las! Vou ser a segunda mãe delas. Coitadinhas!"

Lívia era bem parecida com o pai: cabelos escuros, olhos verdes, traços delicados, tinha oito anos. Vanessa estava com seis anos e era bem diferente da irmã; a menor tinha algo, uma delicadeza que cativava logo a todos, era mais clara, olhos pretinhos, traços delicados, nariz pequeno e arrebitado.

"Vanessa deve parecer com a mãe, Ana deve ter sido muito bonita" – pensou.

A casa era pequena e tornou-se minúscula. Ana tudo fez para acomodá-las e para que se sentissem à vontade, mas elas estavam muito tristes.

– Ana – falou alegre Gilberto –, arrumei uma outra casa, agora ficaremos mais bem acomodados.

No domingo se mudaram. Embora a nova casa fosse perto, Ana se entristeceu por deixar Délia e Antonia, suas vizinhas e amigas. A casa para a qual se mudaram era maior, tinha dois quartos. Gilberto vendeu o berço e comprou uma cama de solteiro.

– Os irmãos juntos! – Falou ele. – As crianças, os quatro, ficam acomodados neste quarto maior. Rodrigo e Marcelo, que são pequenos, dormirão na mesma cama e as meninas nas delas.

Ficaram mais bem instalados, embora a casa fosse tão simples quanto a outra.

Ana foi com Lívia à escola, Gilberto havia trazido sua transferência. Ao ver os documentos, a moça que fazia a matrícula disse:

– Dona Ana, sua filha poderá vir na segunda-feira.

Ao saírem, Lívia comentou:

– Por causa do nome, a moça achou que eu era sua filha.

Ana a abraçou e ela não repeliu.

Logo as meninas estavam brincando na rua com as outras crianças e passaram a ajudá-la cuidando de Rodrigo e Marcelo.

– Ana, vê se trabalha mais, as despesas aumentaram – resmungou Gilberto.

– É verdade, aumentaram, mas em compensação teremos o dinheiro que você mandava para elas e que agora nos ajudará.

– Hum... – Ele resmungou e saiu.

Ana estava na cozinha enrolando doces. Lívia a ajudava, Vanessa brincava com Rodrigo. Quando ele saiu, a pequena disse:

– Papai quase não pára em casa.

– Escutei o que vocês falaram – falou Lívia. – Ana, papai não dava dinheiro para nós, nunca deu. Mamãe, algumas vezes, pediu, mas ele não deu. Minha mãe trabalhava como você, ela costurava o tempo todo.

Ana sentiu raiva de Gilberto, mas nada comentou, e pensou: "Então ele não as ajudava, não dava dinheiro para as filhas. Gastava tudo no bar, com certeza."

As meninas ficaram conversando.

– Não sei se gosto do papai – disse Vanessa.

– Fique quieta, Vanessa – repreendeu Lívia. – É melhor sermos boazinhas como aconselhou dona Dalva, a nossa antiga vizinha que era amiga de mamãe. Quando nossa mãe morreu, dona Dalva nos disse: "É melhor vocês irem com seu pai e serem obedientes para se dar bem com a madrasta. Vocês não têm escolha! Se sua tia ficar com vocês..."

Lívia parou de enrolar o doce, ficou quieta, com o olhar distante.

– Vocês não gostam de sua tia? – Perguntou Ana.

– Não conheço a irmã do papai – respondeu Lívia –, só a vi de longe. Mamãe não gostava dela. Tenho outros dois tios que são muito pobres, acho que mais do que nós. Depois tenho um primo meio louco, bobo, sei lá, que olhava para mim e para Vanessa de um jeito de que mamãe não gostava, ela tinha medo de que ele se aproximasse de nós.

"Elas não tinham mesmo com quem ficar – pensou Ana. – A tia, a irmã de Gilberto, é uma prostituta, e pelo que ele fala dela, é uma pessoa má. Os irmãos da mãe, segundo Gilberto, um é alcoólatra e o outro tem a mulher inválida, são muito pobres para ficar com elas".

Ana passou a dar mais atenção, a conversar com as meninas, tentou cativá-las pela amizade. Contava-lhes histórias, casos engraçados. Queria que elas gostassem dali, dos irmãos e dela, e não as deixava trabalhar. Quando a ajudavam era porque queriam. Não foi difícil: elas, carentes, logo estavam gostando dela e Ana passou a querê-las muito.

Lívia ia à escola, era inteligente e aprendia rápido. As duas fizeram muitas amizades, passaram a ser alegres. Comentavam muito sobre a mãe com Ana. Achando que fazia bem às meninas, ela até as incentivava.

– Mamãe – falava Lívia – trabalhava até tarde da noite. Quando íamos deitar ela ficava trabalhando e quando levantávamos já estava costurando.

– Saía pouco de casa, às vezes ia às casas das freguesas e eu gostava de ir junto. Estou com saudade dela – dizia Vanessa, começando a chorar.

Sempre que falavam sobre a mãe se emocionavam, e Ana as abraçava.

Rodrigo e Marcelo passaram a querer bem as irmãs e, se não fosse por Gilberto, seriam uma família feliz.

– Mamãe também chamava Ana – disse Lívia. – O pai dela, meu avô, que eu nem conheci, a chamava de Aninha.

"Aninha – pensou Ana. – Será assim que me referirei a ela, a mãe dessas meninas lindas".

No dia em que as senhoras trariam a cesta do mês, Ana ficou atenta; assim que as viu, correu até sua antiga casa. Após os cumprimentos, explicou:

– Mudei, moramos logo ali. A mulher do meu marido faleceu e as meninas, filhas dele, vieram morar conosco.

– Bem – disse uma senhora –, agora que ele não tem de dar a pensão delas, talvez você não precise da nossa ajuda.

– É que aumentou nossa despesa também. A casa para a qual mudamos é tão pobre como esta, só tem um quarto a mais – disse Ana, triste, temendo que elas não a ajudassem mais.

Mas elas deixaram a cesta e ficaram de resolver se continuariam ajudando ou não.

À noite, quando Gilberto chegou, Ana estava nervosa e o acusou:

– Você, Gilberto, é um miserável, me dizia sempre que ajudava as filhas, que dava dinheiro para o sustento delas, mas descobri que nunca deu nada a elas. Deve ter gastado esse dinheiro no bar, com suas amantes.

– Não fale assim! O que pensa que é? Menti sim! Como você quer que eu viva assim miseravelmente? Se não fossem meus amigos, o bar, iria morrer de tédio! Você está abusada! Quem é você para me dirigir a palavra nesse tom? Isso é porque ficou uns tempos sem apanhar! Toma!

Ana sufocou os gemidos, não queria que as crianças escutassem, mas não pôde abafar o som das pancadas. Depois de alguns instantes, Gilberto resolveu deixá-la em paz, acomodou-se na cama e dormiu. Ana não quis chorar, temendo acordar as crianças ou Gilberto, porque ele fatalmente recomeçaria com a agressão. Deixou apenas lágrimas escorrerem pelo rosto.

No outro dia ela estava toda dolorida, com muitos hematomas e uma grande mancha roxa na face direita. Vanessa, ao vê-la, comentou inocentemente:

– Papai bateu em você, escutamos. Tivemos medo de ele bater na gente também e ficamos caladinhas.

– Ana – disse Lívia –, mamãe dizia que papai também batia muito nela. Uma vez, quando papai esteve lá em casa, ele se queixou, reclamou muito de você, depois quis agarrar mamãe, tivemos de gritar e os vizinhos o puseram para fora. Ela nos disse: "Pobre desta outra Ana, deve apanhar como eu apanhei".

Ana nada comentou, triste, e se pôs a pensar em como sair daquela situação. Não sabia como fazer para sustentar as crianças, não tinha para onde ir, ainda mais agora, com mais duas meninas. Sim, porque ela não iria deixar as meninas com ele.

À tarde, quando Gilberto chegou em casa, viu Lívia com as bandejas, voltando do bar.

– Vim trocar de roupa – disse ele –, tenho uma festinha para ir. Lívia, por que você foi ao bar?

– Me ofereci para ir. Todos comentam ao ver Ana com os ferimentos no rosto – respondeu a menina calmamente.

Gilberto olhou para Ana, sentou-se, coçou a cabeça, depois disse:

– Ana, não queria machucá-la!

Ela virou-se para ele e Gilberto pediu:

– Sente-se aqui um momento.

Ela ia recusar, estava preparando o jantar, mas querendo evitar confusão, sentou-se.

– Ana, sei que é honesta, trabalhadeira, trata bem as meninas. Não sei por que faço isso com você! Não merece!

Ela ficou calada. Ele também ficou quieto uns instantes, depois disse:

– Bem, vou tomar banho e ir à tal festa. Não prometo, mas vou tentar não bater mais em você.

Levantou-se e Ana voltou a preparar o jantar. Foi a única vez que ela percebeu que ele poderia estar arrependido das agressões que fazia.

Ainda bem que as mulheres bondosas entenderam e continuaram a lhe trazer o auxílio e roupas para todos.

Uma tarde, ao ir comprar verduras, Ana encontrou uma tia, e esta a observou bem.

– Ana! Como está você?

– Estou bem, e a senhora? – Respondeu ela.

– Tudo bem. Alegro-me por você estar bem e por não precisar da família, porque nenhum de nós iria ajudá-la depois do que fez. Engravidou, saiu de casa para ir morar com um safado e quase matou seu pai de desgosto. Acho que ele nunca mais foi feliz e acabou morrendo por isso. Você...

– Até logo, tia. Tenho de ir!

Saiu e não deixou a tia falar mais.

"Será que não tem compaixão? Não fiz nada por mal. Naquela época achei que amava Gilberto, como também que era o melhor para mim. Não posso contar com ninguém da minha família, eles não irão me ajudar em nada, nunca."

Foi para casa, triste.

– Ana – disse Vanessa numa manhã –, esta noite sonhei com a mamãe. Ela estava bonita, linda mesmo, com uma roupa nova. Ela me beijou e abraçou apertado. Eu falei a ela: "Mãe, que vestido lindo! É novo?" Ela me respondeu: "Vanessa, eu não ligo para roupas, mas esta é uma que ganhei para trabalhar". "A senhora trabalha? – Perguntei. – Não está descansando?" "Não me sinto cansada, estou muito bem. Trabalhar é uma bênção." Aí perguntei de novo: "O que a senhora faz? Costura?" Ela respondeu: "Não, filha, ajudo os doentes. Vim aqui para vê-las e dizer a você e a Lívia que queiram bem a Ana, ela é boa, e que não esqueçam de orar como eu as ensinei". Me beijou de novo e sumiu, acordei e pareceu que o beijo foi real, senti seus lábios no meu rosto. Gostei de ter sonhado e saber dela.

Ana sorriu e pensou: "Coitada dessa mãe, mesmo se estiver no céu não deve ter sossego, deixando as filhas com o pai, que ela sabe bem a peste que é, e com uma madrasta que nem conheceu. Mas Aninha, se você pode me escutar, fique sossegada, serei sempre boa para elas".

– Vanessa, acho que sua mãe tem razão, necessitamos orar.

– Que tal fazermos como em minha casa, quando mamãe era viva? Fazíamos assim, todos os dias, antes de irmos para a cama dormir; rezávamos, as três, para o Papai do Céu, para Nossa Senhora e para nosso Anjo da Guarda.

– Vamos começar hoje – disse Ana. – Rezaremos todos os dias antes de irmos dormir.

E assim passaram a fazer.

Os meses se passaram, o ano letivo iniciou e Vanessa também foi para a escola. E todos no grupo escolar novamente acharam que ela era a mãe das meninas e ninguém desmentiu. Ana até sentiu uma pontinha de orgulho ao escutar:

"A senhora tem filhos lindos! Duas meninas educadas e bonitas e dois garotos maravilhosos!"

Os problemas continuavam os mesmos. A alimentação era pouca, às vezes não tinham leite nem frutas. Ana temia que as crianças adoecessem, mas elas cresciam e cada vez ficavam mais lindas, eram inteligentes. As meninas ensinavam muitas coisas aos irmãos, elas falavam certo e estavam sempre corrigindo Rodrigo e Marcelo, que aprendiam rápido. Gilberto estava, como sempre, agressivo, estúpido. Ainda bem, pensava Ana, que ele não agredia os filhos, mas esses o temiam, evitavam ficar perto dele. Era um alívio quando ele saía de casa.

Para intranqüilidade de Ana, ela notou que Gilberto estava olhando muito para as meninas, principalmente para Lívia, a maiorzinha, com olhares de cobiça.

"Meu Deus! – pensou. – Que triste! Tomara que eu esteja errada. Será que Gilberto seria capaz?"

Ficou muito atenta e resolveu não deixar as meninas a sós com ele.

Numa tarde de domingo, ele veio mais cedo para casa, conversou com todos bem-humorado, virou para Ana e disse:

– Ana, vim mais cedo para ficar com as crianças para você ir à missa.

– Obrigado, Gilberto, não quero ir à missa, não tenho roupa e me envergonho de ir mal vestida!

– Então vá à casa de Délia, vá se distrair conversando com ela. Fico com as meninas e você leva os meninos.

– Não – respondeu Ana com firmeza. – Já conversei com Délia e Antonia hoje.

– Que coisa! – Ele gritou exaltado. – Se queixa de que não sai, quando me ofereço para ficar com as crianças você não aceita! Vai e pronto! Saia! Vá para qualquer lugar e leve seus filhos. Cuido das meninas!

– As meninas não precisam de cuidados – respondeu ela. – Não vou sair! Saia você, volte ao bar que é melhor para todos.

– Não me fale assim! Vou lhe bater! – Gritou Gilberto, ameaçador.

As crianças se aconchegaram com medo. Ana pensou: "Apanho, mas não o deixo sozinho com as meninas".

– Papai – pediu Lívia –, por favor, não bata em Ana! Ela não quer sair. Se ela sair, quero ir junto!

– Eu também! – Rogou Vanessa.

– Que família eu tenho! Que horror! Não mereço isso! Não sei por que não largo todos vocês e sumo!

Saiu e todos suspiraram aliviados.

"Não posso viver assim – pensou Ana –, isso não é vida! Mas o que posso fazer? Talvez eu esteja julgando erradamente Gilberto, mas já escutei fatos de abusos entre pai e filhas e tenho medo. Tenho de defender as meninas; são inocentes e já sofreram muito com a morte da mãe!"

Ao ficar sabendo no outro dia que Gilberto foi visto com outra, se sentiu aliviada.

"Nos dará mais sossego! – Pensou. – Tomara que esqueça das filhas".

Lívia era mais calada, estava sempre sonhando, desejando ter coisas.

"Ah! – Dizia. – Se tivesse uma bicicleta! Uma boneca grande. Queria morar numa casa com jardim, ter um cachorro".

Já Vanessa era pacífica, bondosa, tentava sempre confortar, dar o que tinha para a irmã e para os irmãos.

No Natal as senhoras trouxeram presentes. Vanessa ganhou uma boneca maior do que a de Lívia.

– Lívia – disse a menina –, gostei mais da sua boneca, quer trocá-la comigo?

– Quero! – Respondeu Lívia depressa, pegando a boneca dela.

Ana as observava, não tinha como Vanessa ter gostado mais da boneca da irmã, a sua era maior e mais bonita. Vanessa queria que a irmã ficasse contente com o presente e ficou alegre com a felicidade de Lívia.

"Vanessa é especial – pensou Ana –, muito especial!"

Gilberto começou a reclamar demais, era do emprego, do chefe, e ela ficou apreensiva quando ele comentou:

– Ana, que tal irmos embora para outra cidade, para uma maior?

– Não sei... – Murmurou Ana.

Mas ele nem prestou atenção no que ela disse e continuou a falar, eufórico:

– Gostaria de comprar um automóvel!

– Automóvel? Mas isso é só para ricos! – Exclamou Ana, assustada.

– E para os espertos, não se esqueça. Vou aprender a dirigir um. Conheço um sujeito que sabe, ele é chofer particular de um velho rico. Esse meu conhecido irá pegar o automóvel escondido do seu patrão e irá nos ensinar, eu e meu amigo, no domingo.

– Escondido? – Perguntou Ana.

– Sim, e daí? Não tem nada demais nisso. Só pedi para que ele me ensine.

Ana tentou não dar importância, era, sem dúvida, mais uma brincadeira, um sonho dele. Só que teve medo, se ele perdesse o emprego, se ficasse sem trabalho e mais tempo em casa a situação pioraria muito. Esperava que essas idéias malucas passassem.

As meninas se arrumavam para ir à escola quando Ana escutou Lívia ralhar com Vanessa. Aproximou-se devagar e se pôs a escutar.

– Vanessa, já lhe falei para não dizer isso! Ninguém acredita que você vê mamãe. Dizem que é sua imaginação. Você sonha somente!

– Mas eu a vejo! – Exclamou a garotinha. – Você não acredita em mim?

– Acho que você não mente! Mas não sei... Mamãe está morta e enterrada. Você não pode vê-la!

– Posso e vejo – choramingou Vanessa.

– Vanessa – disse Ana interrompendo a conversa das duas –, você vê sua mãe?

As duas se assustaram, Vanessa não respondeu e Lívia a defendeu:

– Não fique brava com ela, Ana. Vanessa é pequena e não sabe das coisas...

– Não vou ficar brava, Lívia – respondeu Ana. – Não tem motivo. Mas me conte, Vanessa, você está vendo sua mãezinha? O que ela fala para você?

– Ela fala sempre que nos ama. Para ter cuidado com papai, para ficar ao seu lado e que ela cuidará de Rodrigo e Marcelo.

– Gosto de Aninha, a mãe de vocês – falou Ana, abraçando as duas. – Gosto mesmo. Creio que se nós duas tivéssemos nos encontrado, seríamos amigas. Eu acredito em você, Vanessa. Se sua mãe tem oportunidade lá no céu de vir ver vocês, ela o fará e tentará ajudá-las. Ela sempre foi boa mãe e deve continuar sendo!

– Ela me disse que não está no céu – falou Vanessa, convicta –, mas que mora num lugar bonito e que trabalha.

Ana se lembrou do que seu pai lhe disse no hospital e sorriu.

– Bem, o que importa é que ela cuida de nós. Agora vão para a escola senão chegarão atrasadas.

As duas saíram correndo e, em seguida, Rodrigo chamou pela mãe, ele ainda estava deitado e disse:

– Mamãe, eu vi a tal da Aninha!

– Que Aninha? – Perguntou ela.

– A mãe da Lívia e Vanessa, a tal que mora no céu.

– Viu? – Indagou Ana, assustada.

– Falei com ela num campo verdinho e bonito.

– Ah! – Suspirou Ana, aliviada. Você sonhou!

– Ela me disse que irá cuidar de mim e de Marcelo e que é para a gente não ficar com medo. Ela nos amará como a senhora ama as meninas.

Rodrigo se distraiu e se pôs a brincar. Ana ficou pensativa.

"Engraçado! Por que será que Aninha disse à Vanessa que cuidará de Rodrigo e Marcelo e meu filho sonhou com ela sobre isso? Será que Aninha vem mesmo ver as filhas? Ou ela imagina tudo isso? Por que será que Rodrigo sonhou com ela sobre o mesmo assunto?"

Sem respostas às suas indagações, Ana se distraiu com o trabalho, que era muito. Lembrou que fazia um ano e oito meses que as meninas estavam com eles.

"Eu as amo quase tanto quanto amo Rodrigo e Marcelo – pensou. – É tão bom expandir o amor!"

Às vezes, uma delas a chamava de mãe, principalmente Vanessa, que, ao escutar os meninos chamarem-na, também o fazia. A primeira vez que a chamou de mãe, riram.

– Você chamou minha mãe de mamãe! – Disse Rodrigo, gargalhando.

– Não me importo – falou Ana –, se quiserem me chamar de mãe, podem fazer. Vocês duas sabem, lá no fundo do coração, que sou só uma substituta e que Aninha sempre será a mãezinha de vocês.

– Se a senhora passou a ser mãe delas, quero que Aninha seja a minha também. Quero duas mães, como elas! – Exclamou Rodrigo, se divertindo.

– Eu também! – Falou Marcelo.

Riram de novo.

Ana pensou: "Criança tem cada uma! Rodrigo quer que Aninha seja a mãe dele também!"

Levou na brincadeira e esqueceu o fato.

Sem Gilberto em casa, com ele fora, até que a vida deles não era ruim. Os cinco se queriam bem, riam por qualquer motivo e as risadas deles faziam Ana rir. Ela os amava.

# 4
# O Acidente

Gilberto chegou mais cedo, eram dezessete horas e as crianças estavam brincando na rua.

– Chegou mais cedo, Gilberto? – Indagou Ana. – O jantar não está pronto. Quer que chame as crianças?

– Deixe-as brincar, preciso conversar com você, a sós. Ana, sente aqui um pouco e preste atenção no que vou lhe falar. Vamos embora esta madrugada, iremos mudar de cidade.

Ana, espantada, não conseguiu falar nada, arregalou os olhos e abriu a boca. Gilberto ficou uns instantes calado e depois falou mais devagar.

– Ana, preste atenção, não é difícil entender. Vou começar pelo início. Recebi uma oferta de trabalho numa cidade longe daqui. Oferta boa! Vou ganhar bem mais e trabalhar menos. Coisa garantida! O meu futuro patrão é concorrente da fábrica onde trabalho, ou melhor, trabalhei, porque saí há três dias. E nesse período que estive sem fazer nada, arrumei tudo. Sou genial! Não lhe falei que estava aprendendo a dirigir? Pois bem, aprendi. Com o dinheiro que recebi do meu ex-patrão e um outro aí, comprei um automóvel muito bonito. Decidi que iremos embora e amanhã de madrugada vamos partir.

– Mas assim, de repente? Temos poucas horas, tenho muito que fazer, eu... – Murmurou Ana.

– Não tem nada! Eu já fiz tudo! Ana, não quero que resmungue. Obedeça e pronto! Não posso estar alegre e entusiasmado que você atrapalha.

– É que eu estou assustada.... – Disse Ana, apreensiva.

– Calma! Deixe eu lhe contar tudo e verá que iremos embora para melhor, bem melhor! Saí do emprego, recebi o que tinha direito e enganei um tolo no jogo. Com o dinheiro comprei um carro para pagar em duas vezes, uma parcela já paguei, a outra o sujeito nunca verá. Também quem mandou ele me vender mais caro do que vale? Comprei, só que não pagarei o resto. – Gilberto riu e continuou a falar calmamente. – É por isso e por algo mais que tenho de ir embora escondido.

– Que mais? O que você fez mais, Gilberto? – Perguntou Ana, temerosa.

Gilberto, continuando a rir, respondeu cinicamente:

– Sou esperto! E muito! Trapaceei no jogo para ganhar de um tolo rico que mora numa cidadezinha perto, ele vem nos finais de semana aqui para jogar. Como muitos ficaram sabendo da minha trapaça, irão contar a ele e certamente o cara não irá gostar. Eu disse à turma do bar que vou devolver o dinheiro. Mas não vou, vamos embora. Ana, fiz de propósito, não paguei o aluguel da casa, devo três meses, conversei com o proprietário, combinei com ele pagar tudo depois de amanhã, falei que ia receber um dinheiro e o dono desta espelunca está esperando. Também vendi todos os nossos móveis, se é que podemos chamar isto que temos de móveis, e o sujeito vem pegá-los amanhã cedo. Já recebi o dinheiro.

– Gilberto, como pôde fazer isto? – Perguntou Ana, se esforçando para não chorar.

– Fiz isso tudo escondido de você, porque mulher é muito faladeira e ia contar para as vizinhas e tudo ia dar errado. Estou de bom humor, alegre e aviso: não me aborreça e obedeça! Vamos agir com maturidade, não fique com esta cara de espanto, faça tudo como nos outros dias. Depois que colocarmos as crianças para dormir, arrumaremos tudo. Depois da meia-noite todos por aqui estão dormindo, aí eu levo para o carro nossas roupas, depois acordaremos as crianças e iremos embora. Ah, Ana, que gostoso, vamos de automóvel. Sim, no carro que comprei. Irá ser uma viagem fenomenal!

Parou de falar. Gilberto estava feliz, ria, pegou na mão de Ana. Ela estava nervosa, esforçando-se para entender. Atreveu-se a perguntar:

– Onde iremos morar nessa tal cidade? Vamos só com a nossa roupa?

– Não se preocupe – respondeu ele. – Já pensei em tudo. Lá ficaremos hospedados uns dias no alojamento da fábrica, até acharmos uma casa para morar, e compraremos tudo de que necessitarmos.

– Tenho meu trabalho – falou ela. – Não é melhor falar com o senhor Matias? Faz anos que faço doces e salgados para ele.

– Ana, você se preocupa muito com os outros. Trabalhou para ele, recebeu e nada devem um para o outro. Ou... – Riu.

– Que foi, Gilberto? O que você fez? Por que está rindo? – Quis Ana saber.

– Passei no bar do senhor Matias e pedi a ele um adiantamento. Ele me deu, é pouco, aquele avarento me adiantou uns trocados. Queria estar perto para ver a cara daquele sovina quando souber que você o enganou.

– Eu?! – Exclamou Ana, assustada.

– Não é você que trabalha para ele? Recebeu adiantado, só que não irá mais fazer os doces e salgados. Bem, não importa; digamos, se isso lhe soar melhor, que fui eu a enganá-lo. Mas ele irá pensar que foi você.

– Meu Deus! – Disse ela, indignada.

– Deus nos ajude! Porque tudo isso tem uma finalidade: melhorarmos de vida. Mereço!

– As meninas estão na escola, precisam de transferência para continuar estudando – disse Ana.

– Precisam! Por isso hoje à tarde fui à escola e peguei todos os papéis necessários. O que você pensa, que não me preocupo com meus filhos? Já pensei em tudo, resolvi e dará certo, é só você não atrapalhar. Agora faça o jantar, tome banho, dê banho nas crianças e não fale nada a elas.

– Queria me despedir de minhas amigas... – Pediu ela.

– Está doida? Não vai nada. Não sairá de casa, ficarei aqui vigiando você. Quer estragar tudo?

– Não está certo sairmos fugidos...

Gilberto a olhou sério e falou, ameaçador:

– Ah, é? Se alguém souber dos meus planos estamos perdidos. O senhor Matias irá querer o dinheiro que me adiantou, o dono do carro, o restante que lhe devo. E ainda tem mais, pedi a vários amigos e vizinhos dinheiro emprestado e eles irão querer nos matar se souberem que iremos embora, fugir.

– Fugir... – Balbuciou Ana.

– Ou ir embora sem nos despedir... Ajudo você, recolha as roupas, passe, vamos arrumar tudo.

Ana, atordoada, se pôs a fazer o que ele mandou. Tremia, procurava raciocinar, coordenar as idéias. Pensou aflita: "Meu Deus, o que faço? Fugir? Como Gilberto pôde fazer isso tudo? O que irão pensar Délia e Antonia, amigas de tanto tempo? E o senhor Matias? E os vizinhos para quem ele pediu dinheiro emprestado?"

Gilberto aproximou-se dela, levantou seu rosto com a mão, obrigando-a a olhá-lo e, como que adivinhando seus pensamentos, falou:

– Ana, tenho sido mau esposo, mas prometo a você que mudarei. Vou ganhar mais e cuidarei melhor de vocês. Lá não terei as más companhias, porque são esses meus amigos que me levam para o mau caminho. E lhe prometo não ir a nenhum bar e ser um bom esposo. Sabe, Ana, para todos somos casados. Seu nome parecido com o da falecida ajudou. Meu futuro patrão acha que somos marido e mulher e que os quatro são nossos filhos. É assim que vai ser. Eu mudei, pode acreditar, e para melhor. Poderia ir sozinho e deixar você e as crianças, mas não fiz.

– Seu patrão queria alguém casado e com família para esse tal emprego? – Perguntou ela.

– Como sabe? – Falou Gilberto, surpreso. – Isso está no contrato, mas não é por isso que os estou levando. Amo você! É verdade! Você é boa, trabalhadeira e eu não ia deixar meus filhos pequenos. Eles um dia se orgulharão do pai que têm. Ana, estou muito feliz! Você deveria estar também. Já pensou se lhe deixo, se vou embora sozinho? O que faria com todas essas dívidas? O que faria para viver? Seria expulsa desta casa e não teria nada para levar, já que vendi tudo.

Ana sentiu uma forte dor de cabeça, tomou um comprimido. Chamou as crianças para que elas fossem tomar banho, serviu o jantar e as colocou na cama. E se pôs devagar a arrumar tudo que iriam levar. Gilberto até que a ajudou e ficou observando-a, vigiando-a o tempo todo. Tinham poucas roupas e tudo doado pelas senhoras. Ao se lembrar delas, sentiu não poder se despedir, agradecer mais uma vez.

– Pronto! É isso que levaremos – disse Gilberto. – Daqui a pouco levo estes dois sacos até o automóvel, ele está estacionado lá na avenida, não posso trazê-lo aqui, todos escutariam o barulho. Volto e carregaremos os meninos, eu Rodrigo e você Marcelo, as meninas irão andando. Pararemos antes de chegar a uma cidade e comprarei para vocês algumas roupas. Ficarei envergonhado se chegarem lá vestidos com esses trapos.

– Lá onde Gilberto? – Indagou Ana. – Você ainda não me falou para onde iremos.

– Nem falarei. É longe daqui, chegaremos após quatro ou cinco dias de viagem. Ninguém deve saber para não irem atrás de nós. Vocês irão gostar, é uma cidade muito bonita.

Ana não falou mais nada. Passava da meia-noite quando Gilberto abriu a porta e, certificando-se de que não tinha ninguém na rua, saiu com os dois sacos de roupas. Ana pensou em escrever um bilhete para as amigas, mas desistiu. Délia e Antonia, conhecendo-a bem, entenderiam, mas ficariam sentidas de qualquer jeito, com bilhete ou não.

"Meu Deus! Estou sendo conivente com Gilberto. Mas o que posso fazer? Quem me ajudará depois de tudo o que ele fez?"

Talvez se ele tivesse dito antes ela teria mais tempo para pensar, achar um meio de evitar, mas ele arrumou, planejou tudo de um jeito que ela não tinha escolha ou, naquele momento, não achava outra maneira de agir, só restava acompanhá-lo nessa aventura.

Gilberto retornou logo e ordenou:

– Acorde as meninas!

Ana foi até o quarto e sacudiu-as, chamando-as baixinho. Acordaram assustadas.

– Lívia e Vanessa, seu pai resolveu viajar e nos levar com ele. Vamos, levantem logo. Ajudo vocês a trocarem de roupa.

Elas se levantaram sonolentas. Gilberto pegou Rodrigo e ela, Marcelo, e saíram de casa. Lágrimas escorreram pelo rosto de Ana. Foram lágrimas de agonia, de incerteza, sentia por ter deixado a casa, o bairro em que por anos viveu, onde deixava muitas amizades. Era bem triste ter de sair daquele jeito, fugindo.

– Nossa!

– Que beleza! – Exclamaram as meninas ao verem o automóvel. Gilberto sorriu:

– É lindo e meu! Vamos, meninas, nos acomodar para partir logo. Quanto mais depressa melhor!

– Não estou entendendo! Por que estamos saindo assim, de noite, e parece que escondido? – Indagou Lívia.

– Não pergunte nada, menina enxerida. Obedeça e pronto! – Respondeu o pai.

Ana e Gilberto acomodaram os quatro no banco de trás e ele colocou o automóvel para funcionar. Exclamou alegre:

– Lá vamos nós com a ajuda de Deus!

– É melhor orar – lembrou Vanessa –, pedir a Deus que nos oriente.

Oraram as três, ele ficou calado.

Foram até perto de uma estrada, mas ele manobrou o carro e voltaram.

– Pensei que íamos por ali – disse Ana.

– É isso que quero que pensem – respondeu ele. – Me envolvi com um pessoal perigoso, trapaceei o chefão do pedaço. Se nos pegarem... Mas não se preocupe, estou enganando-os direitinho. Se alguém tiver nos visto, dará informações erradas.

Os meninos continuaram dormindo e as meninas, apesar da novidade, acabaram por adormecer. Ele dirigiu por um tempo, distanciaram-se alguns quilômetros da cidade.

– Vamos parar aqui até o dia clarear. Vou ver se consigo dormir. Tente descansar você também.

Gilberto se acomodou no banco, fechou os olhos. Ana estava tensa, procurou relaxar, não tinha sono, se pôs a orar, acalmou-se um pouco, ficou muito tempo acordada. O luar clareava a noite e ela podia ver que estavam à beira da estrada, debaixo de uma grande árvore. Acabou dormindo, e acordou com ele a chamando.

– Acorde! Já está amanhecendo. Olhe que bonito! Faz tempo que não vejo o nascer do astro-rei! Acorde as crianças, aqui é um bom lugar para ser usado como banheiro. Tem até um riacho perto, onde podemos lavar o rosto.

Ela os acordou. Foi uma festa para eles a novidade. Falavam todos juntos, indagavam, encantados, nunca haviam entrado num automóvel. Admiraram o carro, era preto, bonito, parecia novo. O pai, orgulhoso, explicava:

– É possante! Está bem conservado! Já foi de dois donos. Agora vamos nos alimentar. Trouxe pães e frutas que comprei ontem. Vamos nos apressar, não quero atrasar a viagem, quero me distanciar rapidamente desta cidade.

Gilberto se pôs a cantar, as crianças, alegres, cantaram junto. Ana estava atordoada.

"Sou comparsa dele. Meu Deus, o que faço?"

– Mãe! – Chamou Vanessa.

O pai interferiu:

– É isso, Vanessinha, de hoje em diante você e Lívia só devem chamar Ana de mãe. Na outra cidade ninguém precisa saber que a mãe de vocês era a outra. E...

– Não quero esquecer minha mãe – choramingou Lívia.

– Não precisa esquecer – falou Ana. – Aninha estará sempre conosco na lembrança, no coração. Ela será a mãe de vocês, a que mora lá no céu, e eu sou a que estará sempre com vocês.

– Bem, se é assim, tudo bem – concordou Lívia.

– Ótimo – disse o pai. – Seremos uma família feliz, perfeita. Vocês vão ver, garotos, que vida boa teremos.

A viagem estava sendo cansativa, ele só parou para comer e abastecer o veículo, queria realmente se distanciar cada vez mais. Só à noite pararam. Foi um alívio quando ele disse:

– Aqui é um bom lugar para pararmos. Vamos nos acomodar e tentar descansar. Amanhã poderemos parar mais, comeremos em bares nas cidades em que pararmos.

– Não temos mais nada para comer – disse Ana.

– Queria tomar banho – falou Vanessa.

– Não dá, filha, amanhã talvez – respondeu o pai.

Ele estava alegre, paciente e carinhoso com todos. Acomodaram-se da melhor maneira possível no automóvel, e as crianças dormiram logo.

"Ainda bem que está calor e o tempo limpo" – pensou Ana.

Tentou dormir, estava cansada, mas também com medo e preocupada. Atenta a todos os barulhos, demorou para adormecer. No outro dia, logo que clareou, retomaram a viagem. Logo chegaram a uma cidadezinha, pararam num bar, usaram o banheiro e se alimentaram. E assim foi mais um dia. No outro, cedo, Gilberto falou, entusiasmado:

– Vamos parar nesta cidade que é maior, procurar uma loja e comprar duas trocas de roupa para todos vocês. Não quero chegar com a família mal vestida. Quero-os bonitos!

Pararam numa loja e compraram calçados e roupas para todos, mas não se trocaram. Perto de chegar procurariam um lugar para tomar banho e se trocar.

– Pelos meus cálculos falta muito chão para percorrermos – falou Gilberto.

– Como é longe essa cidade! Estou cansada! – Resmungou Lívia.

– Não reclame! Vocês estão se divertindo. Essa cidade é longe sim, mas é acolhedora e todos nós iremos gostar dela.

A rodovia agora era mais movimentada e poeirenta. Estavam cansados, sujos, as crianças começaram a brigar, a resmungar. Subiram uma serra, a estrada contornava a montanha.

– Que lugar lindo! – Ana exclamou.

Um homem fez sinal para que parassem e explicou:

– Senhor, por favor, estamos consertando a rodovia, terá de esperar para atravessar. Pare aqui, logo formará fila e assim que for liberado o senhor passará.

– Serei o primeiro – respondeu Gilberto. – Irá demorar?

– Creio que uns quarenta e cinco minutos. Uma barreira caiu sobre a pista e estamos consertando. Será liberado primeiro do que os que estão do outro lado, porque o caminho está estreito e só poderá passar um veículo de cada vez.

Gilberto estacionou o carro no local que o moço indicou. Desceram do automóvel, olharam o lugar.

Encantaram-se com a paisagem. Ele foi até o local do conserto e voltou comentando:

– Há muitos homens trabalhando, foi um deslizamento grande, caiu muita terra na pista.

– Estamos perto de um precipício – comentou Ana. – Uns cinco passos para trás tem um buraco enorme e com muitas pedras.

– Não deixe as crianças se aproximarem – pediu ele.

As crianças queriam ir ao banheiro e Gilberto levou os meninos perto de umas árvores. As meninas queriam ir também, mas, como havia muitos homens por ali, ele recomendou:

– Ana, vá até ali, há uma casa onde eles vendem quitutes e lá poderão usar o banheiro. Leve as meninas.

Havia uns sete veículos esperando. Gilberto entrou no carro com os meninos e ela foi com as garotas no local indicado. Uma senhora as atendeu sorrindo e as levou ao banheiro. Após agradecer, saíram, e então escutaram barulho e gritos, assustaram-se. Ana sentiu um tremor, um pressentimento ruim, uma aflição, gritou, pegou na mão das meninas e correram. Parou perto dos carros. Olhou assustada, trêmula, o deles não estava lá. As pessoas olhavam para o precipício.

As meninas tremiam. Ana ficou parada, sem coragem de se aproximar mais, não conseguia falar. Um homem, ajudado por outros, subiu. Ele descera pelas pedras para ver o que acontecera com os acidentados. Suspirou limpando as mãos e falou:

– Que desgraça! Três mortos!

Ana largou a mão das meninas, aproximou-se. O homem a olhou, penalizado.

– Um acidente! O automóvel caiu no precipício e...

Ana deu um grito roco, sentiu uma dor que pareceu arrebentá-la toda, tudo lhe parecia rodar, foi amparada, desmaiou.

Voltou a si com a senhora que antes conversara esfregando-lhe um líquido gelado no pulso. Estava deitada numa cama e as meninas ao seu lado a olhando assustadas, caladas e aflitas.

– O que aconteceu? – Indagou ela.

Ninguém lhe respondeu. Olhou para o homem que vira subir o barranco.

– Estão mortos? Os três? Por favor... – Rogou ela com a voz enfraquecida, querendo que fosse tudo um pesadelo.

– Sim, senhora – respondeu o homem, sério e com muito dó. – A senhora quer vê-los? Tiramos os três de lá, estão à beira da estrada.

– Vou – respondeu ela se levantando. – Vocês, meninas, ficam aqui, volto logo.

Caminhou com dificuldade. Foi com o homem até o local onde minutos antes estavam parados. Não havia mais carros. Viu os três corpos cobertos com lençóis. O homem levantou uma ponta, viu o bracinho de Rodrigo sujo de sangue.

– Por favor! – Pediu ela. – Não quero vê-los, não consigo. O senhor tem certeza de que estão mortos mesmo?

– É melhor a senhora não ver mesmo. Esteve tempo desmaiada. O automóvel se estraçalhou. Os três morreram na hora. Não sofreram! O pegamos lá de baixo com tudo que nos foi possível, os sacos de roupas levei-os para minha casa. Toma, aqui está a carteira do seu marido. A senhora vai ter de decidir como faremos para enterrá-los.

– A polícia! – Conseguiu ela balbuciar.

– Por aqui não há delegacia e por isso a polícia demora muito a chegar. Não podemos deixar os corpos lá no chão. Se a senhora quiser, me dê algum dinheiro, que vou enterrá-los.

– Quanto você acha que isso vai custar? – Perguntou, ainda confusa.

O homem falou a quantia. Era todo o dinheiro que ela tinha na carteira, era pouco, mas tudo o que lhe restava.

– Tome! Por favor, me faça esta caridade, enterre-os por mim, não tenho condições de resolver esse assunto.

– Eu cuido de tudo para a senhora. Vou enterrá-los juntos, já que morreram unidos. É melhor não vê-los, estão desfigurados. Volte para minha casa, fique lá até que resolva o que fazer.

Ana voltou andando devagar, as pernas pareciam pesadas, não conseguia raciocinar, se esforçava para compreender o que ocorria. Não chorou, porém sentia uma dor tão forte que não era possível descrevê-la. Ao chegar a casa, a senhora ofereceu uma cadeira, ela sentou-se no canto da sala, ficou parada, quieta, alheia. Lívia e Vanessa ficaram ao lado dela, assustadas e temerosas.

– Venham jantar – disse a dona da casa. – Arrumei o quarto e vocês poderão dormir esta noite aqui.

Ana sentou-se à mesa e tomou umas colheradas de sopa junto com as meninas.

O homem, o dono da casa, chegou.

– Pronto, senhora, enterrei os três juntos no cemitério do povoado. O padre os abençoou. Esta estrada está fazendo vítimas.

– Obrigada! Deus lhe pague! – Ana balbuciou baixinho.

– Eles morreram mesmo! – Exclamou Lívia.

– Sim, menina – respondeu o homem –, seu pai e seus irmãos morreram.

Elas choraram, Ana as abraçou e beijou. Foram para o quarto, deitaram juntinhas, as meninas logo dormiram. Ana teve um sono tumultuado, acordava sobressaltada toda hora. Foi de madrugada, ao escutar os donos da casa se levantarem, que parece que saiu do torpor e se lembrou de tudo.

– Meu Deus! – Exclamou e chorou.

Que dor cruciante sentimos com a separação causada pela morte do corpo físico de pessoas que amamos! Ela é muito profunda, talvez a pior que existe. Sentiu mais pelos dois filhos, achou que se chorasse todas as lágrimas que tinha não melhoraria, por nada se sentiria consolada.

As meninas acordaram e choraram junto com ela.

A senhora bateu na porta do quarto e chamou-as:

– Levantem, tomem café, banho. A senhora poderá lavar as roupas que estão sujas. Se sentirá melhor fazendo algo.

– Obrigada, senhora – respondeu Ana. – Está sendo muito boa conosco. Deus lhe pague. Como se chama?

– Não precisa agradecer. Me chamo Vicentina.

Elas se levantaram, tomaram o café oferecido. Ana observou a casa: era pobre, tinha dois quartos, sala e cozinha. O casal tinha cinco filhos, todos pequenos. Depois foi separar as roupas, as delas para lavar, as de Gilberto e dos meninos deixou num saco. Vicentina estava observando-a, e Ana então lhe disse:

– Se quiser ficar com estas, umas são novas, nem foram usadas.

– Não gosto de roupas de defunto – respondeu a dona da casa. – Pode deixar aí, darei aos pobres do povoado.

Tomaram um banho, se sentiram melhor. Ela lavou as roupas, fez o que Vicentina lhe mandou, estava apática e cansada. Passou o dia quieta e à noite dormiram novamente no mesmo quarto. Pela manhã as meninas foram brincar com as outras crianças. O dono da casa aproximou-se dela.

– Dona Ana, o que a senhora pretende fazer? Quer avisar alguém do falecimento de seu esposo e filhos? Vai continuar a viagem?

– Como eles morreram? – Indagou ela, triste.

– Quando a estrada foi liberada, seu marido era o primeiro da fila, mas o sujeito que organizava a travessia deixou um senhor rico passar na frente. Seu marido parecia nervoso, xingou e tentou impedir que lhe tomassem a dianteira. Como os carros estavam próximos, ele deu ré para se distanciar e assim pegar maior velocidade e impedir o outro de seguir na sua frente. Não sei se ele não sabia dirigir direito ou não calculou a distância do buraco, o fato é que ele não conseguiu parar a ré e caíram.

Ela escutou calada e pensou: "Foi imprudência de Gilberto, deve ter achado desaforo alguém ter passado à sua frente, morreu por isso e matou meus dois filhos".

– Dona Ana – disse Vicentina –, não me leve a mal, mas a senhora precisa decidir para onde irá. Não podemos hospedá-las por mais tempo. A casa é pequena, o quarto que ocupam é dos meus filhos, somos pobres e...

– Entendo, Vincentina, agradeço de coração a generosidade de vocês. Estou confusa, foi tudo inesperado, não sei o que farei. Não tenho dinheiro para voltar e...

Estava realmente confusa, não sabia para onde estavam indo. Estavam longe de sua ex-casa, mas também como voltar para lá depois do que Gilberto fez? Ao vê-la indecisa, o dono da casa disse:

– Se a senhora arrumasse um emprego para se sustentarem, poderia juntar dinheiro para voltar para a cidade de vocês. Lá do outro lado da serra, na beira da estrada, há um restaurante que está precisando de empregados.

– Será que conseguirei o emprego? – Perguntou ela, esperançosa.

– Se Deus quiser irá conseguir. Deve ir amanhã mesmo – falou ele.

– Acho uma boa idéia. O senhor Lauro, que mora logo ali, irá para lá amanhã de charrete, poderá levar vocês três. Vou conversar com ele. Amanhã, logo cedo, irão embora – expressou Vicentina.

Ana os olhou agradecida. Compreendia-os, já haviam feito muito dando-lhes abrigo sem sequer conhecê-las. Não poderiam ficar mais. Chorou, teve medo. Até que Gilberto lhe fazia falta.

– Não chore, dona Ana – disse Vicentina consolando-a. – Sei que deve estar sendo difícil, perdeu o marido e os dois filhos, mas ficaram as garotas e elas precisam muito da senhora.

Sim, é verdade, pensou Ana, as meninas necessitavam dela e ela só tinha Lívia e Vanessa.

# 5
# O Restaurante da Beira da Estrada

Ana arrumou toda a roupa e logo após o jantar foram se deitar. Ela demorou para adormecer, ficou pensando em tudo que lhe aconteceu. Não tinha dinheiro nem para tomar um café, só possuía aquelas poucas roupas que estavam nos sacos. O carro se estraçalhou e ela deixou que seu hospitaleiro, caso conseguisse vender alguma peça, ficasse com o dinheiro. Sentiu medo, seu futuro parecia um grande desconhecido e temia muito a incerteza. Não tinha nem como fazer planos. Rogou a Deus para que conseguisse arrumar um emprego. Acabou por dormir, acordou cedo e pôs-se a se arrumar para irem embora.

Tomaram o café.

– Dona Ana, o senhor Lauro chegou – avisou Vicentina.

Despediram-se do casal, das crianças, agradecendo-lhes com sinceridade. Acomodaram-se na charrete e o senhor Lauro, um homem já idoso, foi conversando com as meninas.

– Ainda bem que só teremos de descer a serra. Coitado do cavalo se tivesse de subir – disse Lívia.

– Ele está acostumado, trato bem dele, é meu companheiro de jornada. Na volta, à tarde, é só subida, mas andamos devagar. Vou lá buscar mercadorias para o pessoal que mora no alto da serra. É meu trabalho!

Ana falou pouco, olhou triste para a paisagem, lembrou que a admirou logo que começaram a subir a serra, dias antes. Lembrou do rostinho dos meninos, sorridentes, sentiu um aperto no coração, mas se esforçou para não chorar. Estava preocupada, se não arrumasse emprego, onde dormiriam, como iriam se alimentar? Não queria esmolar, esperava não ter de fazer isso.

Faltavam poucos minutos para as onze horas quando chegaram.

– É aqui! – Disse o senhor Lauro. – Vou apresentar a senhora para o proprietário, mas antes vou conversar com ele. Se Deus quiser arrumará o emprego.

As três observaram o local. Era uma construção nova, grande, um posto para abastecer os veículos, um alojamento que era dividido em vários quartos, um bar e um restaurante. Elas desceram da charrete, ficaram juntinhas, quietas com os dois sacos de roupas aos pés. Ana suspirou.

"Meu Deus! Que situação! Pai, nos ajude!"

– A vaga ainda não foi preenchida, dona Ana – surgiu falando o senhor Lauro. – Venha!

Ela o acompanhou, entraram num escritório ao lado do posto e um senhor a olhou atentamente.

– Quer o emprego? – Perguntou, mas não esperou pela resposta e continuou falando: – Aqui tem muito trabalho e o empregado tem de fazer o serviço direito. Está disposta?

– Sim, senhor – respondeu ela encabulada.

– O senhor Lauro me disse que tem duas filhas. Terá comida para vocês três e um quarto lá nos fundos. Quer olhar o quarto antes de aceitar o emprego? – Perguntou ele, depois de informar qual seria o salário de Ana.

– Não, senhor, preciso muito trabalhar, aceito!

– Pois então começa agora. Vou mandar um empregado acompanhá-la até o quarto, servir o almoço e você irá já para o restaurante e iniciará o trabalho. Aviso-a, se não fizer o serviço direito, será mandada embora.

– Sim, senhor – respondeu ela.

Um homem mal-encarado veio para levá-las ao quarto.

– Chamo Cecílio, acompanhem-me. Os quartos dos empregados ficam lá nos fundos.

As três o acompanharam, os fundos que ele disse era um galpão com várias portas atrás do restaurante.

– É aqui!

Pegou uma chave e deu para Ana, que abriu a porta. O quarto tinha um armário pequeno, uma cama de solteiro, uma mesinha e duas cadeiras.

– O banheiro é ali, são dois para todos os empregados. Mas são só sete os que dormem aqui. Troque de roupa, dona Ana, e vá para o restaurante – disse Cecílio.

– Sim, obrigada – Ana agradeceu.

Entraram e fecharam a porta.

– Bem – disse Ana –, é aqui que moraremos por uns tempos.

– É bem ruim, vamos dormir as três na mesma cama! – Lamentou Lívia.

– É só por um tempo, Lívia – disse Vanessa. – Daremos um jeito.

– Vou trocar de roupa e ir trabalhar. Vocês duas fiquem juntas. Limpem aqui e coloquem as roupas no armário.

– Pode deixar, mamãe – disse Vanessa. – Vi um tanque lá fora, lavaremos as roupas e limparemos tudo.

Bateram na porta, Lívia abriu, era o senhor Cecílio com uma travessa.

– É o almoço das duas, a senhora almoçará lá.

– Sim, obrigada! – Respondeu Ana.

O almoço estava numa travessa com um prato servindo de tampa e duas colheres. A comida era simples. Ana abraçou as meninas e disse:

– Repartam, uma usa o prato e a outra a travessa, depois lavem tudo e levem ao restaurante.

Trocou de roupa, saiu rápido e foi trabalhar. Ao chegar no restaurante foi abordada por uma mulher.

– Você é a nova empregada? Ainda bem, estava difícil sem ajudante. Lave toda esta louça. Me chamo Ofélia, me pergunte se tiver dúvida. Você já almoçou? Não! Sirva-se ali e coma antes de começar a lavar a louça. Mas ande rápido, preciso logo destes pratos.

Ana percebeu que havia realmente muito serviço e tratou de fazer tudo rápido e bem-feito. Já eram quase cinco horas quando Ofélia lhe disse:

– Gostei do seu modo de trabalhar, espero que continue assim. Vou fazer o prato do jantar de suas filhas, você pode ir lá levar, mas volte, aí jantará e hoje ficará até às vinte horas. Seu horário é das sete da manhã até a noite. Terá folga duas vezes ao mês. Tem que nos compensar, você tem as meninas que ficarão com você no quarto e estamos dando alimentos para elas também. Pela manhã elas poderão vir aqui tomar café.

– Sim, senhora – respondeu Ana.

"Meu Deus, que emprego arrumei! Mas não posso reclamar! As meninas estão comigo, pelo menos temos o que comer e onde dormir."

Ela levou o jantar.

– Veja, mamãe, limpamos todo o quarto, ficou tudo limpo, lavamos as roupas, só que não temos como passá-las. Mas não faz mal, vamos alisá-las com as mãos – disse Vanessa.

– Trouxe o jantar, tenho de voltar. Vocês fiquem aqui trancadas, não abram a porta para ninguém, chamo quando voltar e espero que seja logo.

Ana voltou ao trabalho. Eram vinte horas quando Ofélia a deixou ir. Tinha pouca claridade no alojamento dos empregados. Ana as chamou. Lívia abriu a porta e disse:

– Mamãe, o senhor Cecílio veio aqui, bateu na porta, abri só um pouquinho, não o convidei para entrar, ele queria saber se estávamos bem. Vanessa ficou com medo e eu também.

– É melhor só abrir para mim. Respondam quando baterem sem abrir a porta.

– Está cansada? – Perguntou Lívia.

– Sim, estou, o trabalho é muito. Vou tomar banho.

– Lívia e eu tomamos juntas – disse Vanessa.

Ana foi tomar banho e voltou logo.

– Vou me deitar, estou cansada – disse ela. – A cama é pequena, vamos nos organizar. Eu e Vanessa desse lado e Lívia do outro.

– Mãe, temos mesmo que ficar aqui? Não gosto desse lugar. Vanessa e eu iremos ficar sós nesse quarto? Poderemos estudar? – Perguntou Lívia.

– Lívia e Vanessa, estou tão confusa quanto vocês. Deixamos a cidade onde morávamos, saímos fugidos, nos distanciamos bastante e não temos como voltar, porque não temos dinheiro. Nem como ir para a tal cidade que seu pai não falou onde era. Mas por que ir para lá? O emprego era para ele. Voltar? Como seríamos recebidas depois do que Gilberto fez? Aqui vou ganhar muito pouco, mas estamos juntas, temos onde ficar e alimentos. Vou procurar outro emprego assim que receber o primeiro salário.

– Não quero voltar para a cidade onde morávamos – disse Lívia. – A senhora tem razão, se papai saiu fugido deve ter aprontado mais coisas que não nos falou. Depois, se nossa tia descobrir que papai morreu, ela nos tirará da senhora e eu não quero.

– Nem eu, mamãe! Quero ficar com a senhora – disse Vanessa.

– Aqui ninguém nos conhece e todos julgam que sou a mãe de vocês. Vamos fazer um trato: não falar a verdade para ninguém.

– A senhora tem razão – disse Lívia. – Isso será segredo nosso. Eu juro que nunca irei falar.

– Também juro, a senhora é nossa mãe! – Exclamou Vanessa.

– Promessa é promessa, que a verdade nunca seja dita – falou Ana.

Os dias passaram, sempre com muito trabalho. Ana começava às sete horas da manhã e não tinha hora para sair. As meninas iam ao banheiro juntas, limpavam o quarto, lavavam roupa e ficavam a maior parte do tempo presas no quarto. Elas tinham medo, ali passavam muitas pessoas estranhas e os próprios empregados eram mal-encarados. Só se afastavam do alojamento para tomar café da manhã, iam com Ana ao restaurante e por ali ficavam um pouquinho, paradas na porta, olhando o movimento.

Dormiam mal, apertadas. Ana às vezes tinha até dores no corpo, de tão cansada. Com tanto trabalho e problemas, passava o dia sem muitas lembranças. Mas à noite, a saudade era mais forte. Ficava recordando os meninos, imaginava-os dormindo ao seu lado, lembrava de cada detalhe de seus rostinhos lindos e amados. Às vezes chorava; outras, para não incomodar mais ainda as meninas, se esforçava para não fazê-lo. A dor que sentia era cruciante.

Lívia às vezes reclamava, mas Vanessa estava sempre animando:

– Mamãe, no inverno teremos de comprar um cobertor – disse Lívia.

– Temos de comprar muitas coisas – respondeu Ana.

Ana indagou aos colegas de trabalho o que teria de fazer para as meninas irem para a escola.

– Aqui – respondeu Ofélia – não se tem este luxo. Ninguém estuda. A escola fica na cidade, é longe para ir a pé e não tem como ir de outro modo.

Elas estavam temerosas. Ana trabalhava preocupada e as meninas só saíam do quarto para ir com ela tomar o café da manhã, para irem ao banheiro e lavar roupa. Coitadas, só ficavam trancadas num espaço pequeno sem ter nada que fazer. Estavam tristes e sofridas.

Quando Ana recebeu seu primeiro ordenado, ela teve de dar uma parte para o senhor Cecílio, porque ele aproximou-se dela e falou:

– Dona Ana, aqui é perigoso para duas meninas tão bonitas. Sabe como é, os homens as cobiçam. Eu posso olhá-las, já que sou guarda, mas preciso ser pago para isso.

Ela entendeu que o maior perigo era ele e lhe deu o dinheiro. Com o resto comprou o que mais precisavam e ainda guardou um pouquinho.

As folgas a que Ana tinha direito estavam sendo adiadas e ela trabalhava todos os dias. No terceiro mês, após receber, avisou Ofélia:

– Tenho de sair amanhã. Vou à cidade com as meninas.

– Está bem – concordou Ofélia, mal-humorada.

Logo cedo, lá foram as três para a cidade. De fato, ficava distante e tiveram de andar muito. O município era pequeno. Foram à escola, havia vagas e as meninas poderiam ser matriculadas. Sentaram-se numa pracinha para conversar.

– Foi fácil na escola, é só se matricular e vir, mas como? Estamos tão longe! Não será perigoso nós duas caminharmos de lá até aqui? – Indagou Lívia.

– Não sei se agüentarei andar tanto – disse Vanessa.

– Tenho uma idéia! – Exclamou Ana. – Talvez possamos morar aqui. Vou procurar um emprego na cidade.

E o fez a manhã toda. Indagou, foi a todos os lugares indicados. Nada conseguiu. Ninguém tinha emprego para uma mulher com duas filhas.

– Mamãe, estou cansada e com fome. Ninguém quer dar emprego à senhora por nossa causa. Se fosse sozinha já teria arrumado – disse Vanessa.

– Não fale isso, Vanessa, não sou sozinha, tenho vocês. Vamos voltar para o restaurante, não vou desanimar. Nas minhas outras folgas insistirei em procurar.

Voltaram caladas. Para ir à cidade, colocaram as melhores roupas e se arrumaram. Ao chegarem, Ofélia gritou para Ana:

– Venha rápido aqui, temos um problema!

Ela deu a chave para as meninas e foi para o restaurante.

– Ana – disse Ofélia –, José, o garçom, levou um tombo, tiveram de levá-lo ao médico. Me ajude a servir as mesas.

Ela se pôs a trabalhar.

– Ana – senhor Cecílio a chamou em tom baixo para um canto. – Tenho uma proposta a lhe fazer. Está vendo aquele senhor? Aquele que está naquela mesa no centro? É o senhor Gustavo, um cliente rico que às vezes pára aqui. Ele gostou de você, quer que vá ao quarto para um encontro.

– Eu não vou... – Balbuciou ela, e o senhor Cecílio não a deixou terminar.

– Ele lhe ofereceu uma boa quantia para que se encontre com ele. Não recuse, mulher, são vários meses de ordenado seu. Poderá comprar cobertores, cadernos, algo para as meninas se distraírem e elas não irão saber.

– Está ganhando por isso, senhor Cecílio?

– Estou, recebi uma gorjeta e se você aceitar ganharei outra. Deve ir a esse encontro também por mim, afinal, tem alguns homens mal-intencionados, você trabalha, elas ficam sozinhas, pode acontecer de eu não ver e aí... Mas se aceitar, redobro a vigilância, ninguém mexerá com suas filhas.

Ela sentiu uma tristeza que lhe doeu no peito. Repetiu baixinho a quantia oferecida. Era tentadora. Com esse dinheiro poderia alugar um quarto na cidade, colocar as meninas na escola e arrumar outro emprego por lá.

– Está bem – murmurou.

– Ótimo – disse senhor Cecílio, alegre. Falou algo para Ofélia e aproximou-se de Ana novamente.

– Tudo bem, Ofélia dispensou-a. O senhor Gustavo ficará no quarto três, ele já está indo e você deverá ir logo após.

Ana foi até o banheiro, lavou o rosto, que parecia brasa. Segurou-se para não chorar.

"O que faço, Meu Deus?"

Não queria pensar, respirou fundo e saiu do restaurante rumo aos quartos da frente, os melhores que havia. Caminhou como se fosse para a morte, bateu e entrou no quarto.

– Entre, Ana – disse o senhor Gustavo gentilmente.

Depois ele lhe deu o dinheiro.

– Aqui está o que combinei. Você não está acostumada a isso, não é?

– Não, senhor – respondeu ela. – Não sou mulher de encontros. Eu... preciso...

– Desculpe-me! – Pediu ele. – Pode ir!

Ela saiu quase a correr e foi para o quarto. Não falou nada para as meninas, guardou o dinheiro. No outro dia, disse a Ofélia:

– Vou precisar do meu dia de folga, preciso ir à cidade.

– Vá na quarta-feira – respondeu ela.

Perguntou às colegas onde poderia alugar um cômodo ou uma casinha pequena na cidade.

– Não é difícil – respondeu uma delas –, mas terá de comprar pelo menos o essencial para poder se mudar: fogão, panelas, camas. Terá de fazer mais uns programas.

Ela não respondeu, compreendeu que a colega tinha razão, só o quarto alugado não resolveria, tinha de ter pelo menos alguns móveis. E se envergonhou, até sentiu estar vermelha, todos sabiam do seu encontro. Retornou ao trabalho.

Na quarta-feira foram à cidade. Viu um quartinho para alugar com banheiro, nos fundos de uma casa, num lugar bom. Mas o dinheiro que tinha não dava para comprar os objetos de que necessitaria para ir morar nele. Compraram cobertores, pois já estava esfriando e logo seria inverno, roupas de cama, banho, alguns cadernos, lápis, algumas balas para agradar as meninas e mais alguns objetos de que estavam precisando. Tomaram um lanche e voltaram alegres para o restaurante.

Dias depois, num sábado, Vanessa, ao acordar, falou:

– Mamãe Ana, vi minha mãe, a Aninha. Ela me disse que é para você aceitar o que lhe será oferecido e repetiu duas vezes.

– O que será, mamãe? – Indagou Lívia. – O que será que tem de aceitar? Bem que poderia ser um emprego melhor.

– Será que dará para mudarmos para a cidade? – Perguntou Vanessa.

– Vou fazer de tudo para isto. Tudo...

Ana respondeu e pensou: "Será que precisarei ter outros encontros? Mas que farei para ter dinheiro? Como deixar por mais tempo as meninas trancadas neste quarto?" Suspirou , olhou para elas com carinho e falou:

– Fazia tempo que Aninha não aparecia para você. Temos passado tantas dificuldades!

– Mamãe, a senhora lembra que Rodrigo disse que minha mãe ia ser a mãe dele também? Acho que assim como a senhora cuida de nós, mamãe também cuida deles – falou Lívia.

– Tenho certeza de que acontece isso – afirmou Vanessa.

– Sinto tanta falta dos meus filhos! – Choramingou Ana. – Que saudades! Agora entendo muita coisa que antes não entendia. Quando os meninos ficaram doentes no hospital, sonhei com minha mãe e ela me disse que não iria perdê-los daquela vez. Rodrigo também sonhou com Aninha, que lhe falou que eles iriam morar com ela. Como também sua mãe disse a você, Vanessa, que iria cuidar deles. E aconteceu, eles morreram e Aninha deve estar cuidando deles com todo o carinho.

– Como você cuida de nós! Trabalha muito, se preocupa conosco. Se estivesse sozinha, ia ser melhor para a senhora – falou Vanessa.

– Já lhe pedi para não falar mais assim. Vocês são tudo que tenho, fico triste por não ter como lhes dar nada melhor. Mas, paciência, vou conseguir. Vocês voltarão a estudar!

– Se mamãe Aninha disse que é para aceitar o que lhe será oferecido é porque acontecerá alguma coisa boa – falou Lívia.

– Vamos para o restaurante tomar café, não quero me atrasar.

Logo após o almoço, o senhor Cecílio aproximou-se dela e falou:

– O senhor Gustavo está lhe esperando no banco, embaixo da grande árvore. Vá logo!

Ana estava suja, com roupas velhas, cabelos desarrumados. Pensou em se arrumar um pouquinho, mas não o fez, foi rapidamente para o local indicado. A grande árvore ficava do lado direito do posto e um banco de cimento a rodeava. Viu o senhor Gustavo sentado. Ele se levantou educadamente quando ela chegou.

– Boa tarde, Ana! Como está?

Sentaram-se, ela torcia o avental, respondeu timidamente:

– Bem, e o senhor?

– Não me chame de senhor, mas sim de Gustavo. Ana, vou direto ao assunto. Tenho uma chácara não muito longe daqui, perto da cidade, e quero convidá-la para ir morar lá.

Fez uma pausa, olharam-se por um instante, ele continuou:

– Sou casado, tenho três filhos moços. Minha esposa e eu moramos na mesma casa, mas estamos separados há muito tempo. Não nos damos bem, sempre tive aventuras. Gostei de você, por isso a estou convidando. Poderemos tentar; se der certo, seremos felizes. Desculpe-me, mas sou objetivo, não é minha intenção ofendê-la nem enganá-la.

– Tenho duas filhas – falou ela baixinho.

– Sei disso, desculpe-me novamente, mas procurei saber de você. Se aceitar, poderá levar suas filhas, não é minha intenção separá-las. Creio que irão gostar da chácara, ela é grande, bonita, a casa é espaçosa e suas filhas não necessitam ficar presas, não há perigo por lá. Então, o que resolve?

Ana abaixou a cabeça e procurou coordenar os pensamentos.

"Aceite!"

Foi um sussurro, sentiu como se alguém colocasse a mão no seu ombro e lhe falasse no ouvido. Virou-se, não viu nada. Olhou para Gustavo, ele estava calmo, também abaixou a cabeça esperando a resposta. Lembrou-se do que Vanessa lhe falara de manhã. Aninha lhe pedira para aceitar. Suspirou e pensou: "Amante novamente!"

Com seu suspiro, Gustavo a olhou e sorriu, ela o analisou: Cabelos escuros, mas já grisalhos, sorriso franco, dentes perfeitos e os olhos castanhos, olhar sincero e bondoso. Se realmente podemos conhecer alguém pelo olhar, Gustavo deveria ser sincero, bom e leal. Não o deixou esperando pela resposta. Seria difícil ir para um lugar pior do que era ali e, se Aninha achava que ela deveria aceitar, o faria.

– Aceito, vou com você, só que... não queria que tivesse má impressão de mim.

– Compreendo-a – disse ele –, você aceitou por não ter alternativa melhor. Mas não se arrependerá. Vá agora até o seu quarto, arrume tudo o que é de vocês, estarei esperando-as aqui. Vou acertar sua demissão com o proprietário.

Ela se levantou e rumou para o quarto. Ainda estava indecisa, teve medo. Lívia abriu a porta assustada.

– Aconteceu alguma coisa, mãe?

– Sim, Vanessa tinha razão quando me avisou que eu receberia uma proposta e, como recomendou, aceitei: vamos pegar o que é nosso para irmos embora daqui.

– Para onde? – Quis saber Lívia.

– Para uma chácara. Dias atrás conheci um homem, Gustavo, e ele hoje veio nos convidar para morar na chácara de sua propriedade. Me ajudem, vamos trocar de roupa, colocar as sujas e as molhadas num saco e as limpas no outro. Vamos logo que ele está nos esperando.

– Mamãe, a senhora falou a ele que não é nossa mãe de verdade? – Indagou Lívia.

– Claro que não! Nunca diremos, prometemos! Ele sabe de vocês, nunca iria a um lugar a que não pudesse levá-las.

– Irá como empregada? – Perguntou Vanessa, que até aquele momento estava observando calada.

Ana preferiu dizer a verdade. As meninas, embora com pouca idade, já haviam visto muitos acontecimentos ali, naqueles quartos ao lado, que serviam de encontro para muitos casais. Ela teve de explicar a elas muitas coisas, principalmente para se defender.

– Não, minha filha, não vou como empregada. Ele é um homem casado, não combina com a esposa, mas parece ser boa pessoa, me quer como mulher e... Bem, vou tentar, dificilmente será pior que aqui. Se não der certo, resolveremos depois. Mas vocês estarão seguras, as defenderei sempre.

– Está fazendo isso por nós, não é? – Indagou Vanessa.

Ana não respondeu e se pôs a pegar e separar o que levariam. Logo estavam prontas e seguiram rumo ao local combinado. Querendo se despedir das colegas, pediu para as meninas esperarem à porta e entrou no restaurante. Escutou Ofélia dizendo às outras duas empregadas:

– Hoje em dia está muito difícil arrumar quem queira trabalhar, pessoas direitas. Vê a Ana, não ficou muito e já arrumou um amante rico.

– Não sei o que aquele homem charmoso viu nela. Ela é bem esperta! – Comentou uma moça.

– Coitada! – Disse outra sua colega. – Que Deus a ajude! Não duvido de que se ela ficasse por mais tempo por aqui, se tornasse uma prostituta. E quem iria garantir que as garotas conseguiriam ficar trancadas no quarto por mais tempo. Logo estariam se engraçando com algum moço e aí... Isso se não fossem estupradas.

Viram Ana, que preferiu fingir não ter escutado os comentários, apenas sorriu e falou:

– Só vim dizer adeus! Boa sorte para vocês!

Abraçaram-se.

– Se cuida! – Disse Ofélia.

Gustavo as esperava debaixo da árvore. Quando elas se aproximaram, abriu a porta do seu automóvel novo e bonito.

– Vocês, meninas, sentem-se aí, me dêem isso, vou colocar aqui.

Ficaram envergonhadas de estarem levando suas roupas dentro de sacos. Mas ele pareceu não estranhar. As meninas se acomodaram no banco traseiro, ela na frente.

– Aqui está seu dinheiro, dos dias em que trabalhou. Vamos embora! – Exclamou Gustavo.

Pegou as notas e guardou no bolso, era mais do que deveria receber. Observou-o, parecia contente, teve a certeza de que aquele dinheiro era ele que estava dando. Deu uma última olhada para o posto, para o restaurante, suspirou. Não estava levando boas recordações dali. Olhou para ele novamente, sentiu a esperança renascer no seu íntimo. Procurou relaxar. E a viagem iniciou.

# 6
# A Chácara

Fizeram o trajeto em silêncio. Ana estava apreensiva e as meninas, embora estivessem gostando, sentindo-se aliviadas por terem deixado o minúsculo quarto, estavam temerosas, atentas, tinham receio de falar.

– É aqui! – Exclamou Gustavo. – A chácara!

Um senhor veio correndo e abriu um portão enorme pintado de azul. O carro parou em frente a uma casa grande, com uma agradável varanda com muitas folhagens e flores.

O senhor que abriu o portão ficou de pé perto do automóvel sorrindo e uma mulher também veio recebê-los. Gustavo os apresentou.

– Esta é Ana, a nova patroa de vocês, e suas filhas, Lívia e Vanessa. Ana, este é Nicanor, que zela pelo pomar e pelo jardim, é um ajudante para trabalhos gerais. Esta é Ruth, que cuida da casa, faz todos os serviços domésticos.

Cumprimentaram-na sorrindo. Gustavo continuou a falar:

– Entremos, venham conhecer a casa. – Elas ficaram admiradas. – Temos três quartos, as meninas poderão escolher qual quiserem. Então, garotas, qual escolhem? Talvez este para você, Vanessa, este para Lívia. Não? Querem ficar juntas? Fiquem à vontade.

As duas só moviam a cabeça, preferiam dormir juntas. E escolheram o maior que dava para a frente da casa.

– Ruth cuidará para que fiquem acomodadas. Venha Ana, este é o nosso quarto, uma suíte com banheiro. Gostou? Ótimo! Vamos acomodar seus pertences.

Novamente ela se envergonhou dos sacos, em minutos guardaram tudo. Lívia sorriu e comentou baixinho:

– Veja, mamãe, quantos cobertores, roupas de cama novas e cheirosas, toalhas macias. Que beleza de casa!

Tomaram banho, Gustavo as chamou para jantar. Sentaram-se à mesa, mas ficaram imóveis. Ele falou:

– Gosto de me alimentar acompanhado, as refeições são mais agradáveis com a família reunida. Não estão com fome? Podem se servir!

Olhou para Ana, que tratou de explicar:

– Gustavo, creio que não sabemos comer corretamente.

– Ora, podem aprender. É assim...

Explicou como se servia, como usar os talheres.

– Observem como faço e imitem. Não se envergonhem, ninguém nasce sabendo, quando se quer, se aprende.

Elas pouco conversaram, Gustavo falou da chácara, comentou da comida, que estava deliciosa, e elas acabaram comendo muito. Depois foram para a sala.

– Ana, aqui as meninas não precisam ficar presas, não há perigo.

– Posso correr pelo pomar? Pegar frutas? – Indagou Lívia.

– Claro, Lívia – respondeu Gustavo –, vocês agora moram aqui, poderão brincar com as crianças da vizinhança, são pessoas boas. Irão gostar daqui.

– Já gosto – respondeu Lívia.

Ana e Gustavo foram à varanda, sentaram-se nas confortáveis cadeiras. Ela estava encabulada, não sabia como agir. Ele a olhou sorrindo:

– Ana, sinta-se à vontade. Não gostou da casa?

– Gostei muito. O lugar é agradável, a casa é confortável e bonita.

Conversaram um pouco e foram dormir. O domingo foi tranqüilo, andaram pela chácara e logo após o almoço Gustavo foi embora, prometendo voltar na quinta-feira, e recomendou:

– Ana, aqui nessa gaveta tem dinheiro, se precisar de alguma coisa, peça a Nicanor para ir comprar na cidade.

As três, sem Gustavo em casa, exploraram o lugar.

– Gostei demais daqui mamãe, vamos ficar, não é? – Indagou Lívia.

– Também gostei, mamãe, parece que estou sonhando e tenho medo de acordar naquele antigo quarto – disse Vanessa.

– Espero ficar – respondeu Ana –, farei de tudo para que isso aconteça.

A casa tinha de tudo, e com fartura. Passaram três dias passeando pela chácara, brincando com alegria.

Conheceram melhor os dois empregados que trabalhavam na chácara. Nicanor morava ali perto, era casado, tinha filhos e netos, era trabalhador, gostava das plantas. Havia uma charrete que ele usava para ir à cidade.

– A cidade é perto – explicou ele –, pode-se ir a pé tranqüilamente, uso a charrete apenas para fazer compras.

A chácara ficava num bairro residencial, por isso havia casas por perto. A estrada era estreita, de terra, mas eles a chamavam de rua.

Gostaram também de Ruth. Ela se trajava bem, tinha roupas bem melhores que as de Ana. Era solteira e morava na chácara, numa casinha ao lado da casa onde estavam alojados.

– Ruth, você não tem família? – Indagou Lívia.

– Lívia, minha filha, você não deve ser indiscreta – Ana a repreendeu.

– Dona Ana, não repreenda a menina, não ligo de falar sobre isso. Não tenho família, sou órfã, minha mãe morreu quando eu era nenê, não sei de meu pai, fui criada num orfanato. Quando tinha dezoito anos, a direção da instituição me arrumou um emprego, assim vim servir a dona Eugênia.

– E cadê essa dona Eugênia? – Perguntou Vanessa.

– Faleceu. Quando vim para cá, ela era viúva, tinha dois filhos e, quando desencarnou, os filhos venderam a chácara para o senhor Gustavo e continuei aqui.

– Você falou que ela desencarnou. O que é isso? – Indagou Vanessa, curiosa.

Ruth sorriu e explicou:

– É o mesmo que morrer, desencarnar é o espírito abandonar o corpo físico que morreu e ir viver noutro lugar.

– Legal! Gostei de desencarnação, prefiro-a a dizer morrer. Morte dá uma sensação de acabar, e ninguém acaba – falou Vanessa.

– Você gostava do orfanato? – Quis saber Lívia.

– Sim, lá foi meu lar, gostava, só que me sentia sozinha, é triste ficar sem família.

– Também sou órfã! – Disse Lívia. Ana e Vanessa a olharam e ela tratou de reparar: – Órfã de pai, e tenho medo de perder mamãe.

Vanessa aproximou-se de Ruth, abraçou-a e beijou-a.

– Ruth, acho que você poderá ser da nossa família, somos só nós três. Poderá ser, deixe-me pensar... uma tia. Gosto de você!

Ruth se emocionou, enxugou uma lágrima e sorriu. Ana calculou que ela deveria ser de sua idade, ter uns trinta e poucos anos. Era miúda, clara, cabelos castanhos, quase louros, mas de olhar triste. Compreendeu que ela deveria se sentir muito só. Olhou as meninas com carinho, ela nunca ia se sentir sozinha.

Na quinta-feira cedo, Vanessa achou um cachorrinho muito sujo, magro, parecia doente.

– Mamãe, posso ficar com ele?

– Não sei, Vanessa. Acho que devemos pedir ao Gustavo.

– Vamos cuidar dele – disse Lívia. Daremos comida e vamos limpá-lo, pois está frio para lhe dar banho.

Logo após o almoço, Gustavo chegou, cumprimentou todos sorrindo. Vanessa ficou olhando-o fixamente. Ele percebeu, passou a mão no seu queixinho e indagou:

– Que foi, Vanessa? – Nada de ela responder. – Vamos, fale. O que quer?

– Ficar com o cachorro – disse ela, criando coragem.

– Quer ter um cachorro? Claro, pode ter, a chácara é grande, boa para ter animais, e gosto deles. Vou arranjar um para você.

– É que já tenho – respondeu ela. – Bem, achei um perdido, perguntei pela vizinhança, não tem dono, ninguém o quer, está só e abandonado, coitadinho. Mamãe disse que poderíamos ficar com ele se o senhor deixasse.

– Já deixei – respondeu ele e Vanessa sorriu contente. – O cãozinho agora não está mais só e abandonado, tem dono, você e Lívia. Podem cuidar do bichinho. Tragam-no aqui para eu ver.

Elas correram e trouxeram o animalzinho no colo.

– Ele está feio – explicou Lívia – porque passava fome, mas vamos cuidar dele e ficará bonito.

– Certamente – falou Gustavo –, se vocês cuidarem dele com carinho ficará bonito; tudo que é tratado com amor fica lindo. Mas como chama o bichinho?

– Zek – respondeu Vanessa. – É um nome forte para um cachorro valente.

Gustavo foi trabalhar, mas voltou para o jantar. Agora elas estavam mais descontraídas. Após a refeição, foram para a varanda conversar.

– Ana, tenho uma fábrica na cidade, uma indústria pequena perto da grande que possuo, onde minha família reside. Não gosto de ficar em hotel e como tenho de vir muito a esta cidade, comprei esta chácara na esperança de que meus familiares viessem aqui, organizei tudo para isso, mas nunca quiseram vir. Lorena, minha esposa, não gosta nem de cidade pequena e muito menos de chácara, e meus filhos nunca quiseram vir conhecer. Ficava aqui muito sozinho e quando a conheci, comecei a sonhar em tê-la aqui comigo.

– Fale de você, Gustavo – pediu Ana.

– Casei apaixonado, mas nos enganamos, logo estávamos apenas nos tolerando. Tivemos três filhos, Paulo Sérgio, que tem o nome dos avôs, Áurea e Júnior, o caçula. Paulo Sérgio pensa em se casar logo, trabalha comigo na outra fábrica, Áurea é uma jovem que só pensa em se divertir. Já o Júnior é um bom moço, nos damos muito bem. Desde que meu caçula nasceu, eu e Lorena nos separamos. Apesar de vivermos na mesma casa, evitamos até de falar um com o outro. Não pensamos em nos separar, há muito dinheiro em jogo. Já éramos ricos, unimos as fortunas e agora é difícil dividi-la. Lorena não sabe fazer nada, só gastar, e não quer se separar porque sabe que logo iria perder tudo que caberia a ela. Tive nesses anos aventuras e ela também. Estranha? Lorena é discreta, mas tem seus amantes, é fútil, está sempre enfeitada demais. E foi assim que criamos nossos filhos. Áurea é parecida com a mãe, Paulo Sérgio é indiferente e o Júnior...

Falou por bastante tempo. Ana o escutava, atenciosa, e compreendeu que Gustavo era rico, mas tinha muitos problemas. Falar fez bem a ele, e finalizou:

– Ana, estou gostando demais de tê-la aqui.

– Também estamos gostando, Gustavo – respondeu ela sorrindo.

De madrugada acordaram com Lívia chamando e chorando. Ana levantou aflita, abriu a porta, Lívia estava encostada nela com as mãozinhas no rosto.

– Que foi, filha?

– Dor de dente!

– O quê? – Perguntou Gustavo, se levantando. – Dor de dente? Deixe-me ver. Nossa, que cárie grande! Você não vai ao dentista?

– Acho que... nunca foi – respondeu Ana.

– Tratarei disso amanhã – falou ele. – Tente, Ana, amenizar a dor dela.

Voltou para a cama e pensou: "Puxa, dor de dente! Nunca foi ao dentista. Uma criança que está morando na mesma casa que eu, com dor de dente! Deveria ter imaginado, eram pobres, nem roupas têm. Tenho de cuidar melhor delas".

Ana limpou o dentinho e, quando a dor passou, voltou cuidadosamente ao quarto. No outro dia, Gustavo falou:

– Ana, conheço um bom dentista, vou conversar com ele. Quero que as atenda logo cedo. As três irão tratar dos dentes. Vou mandar um empregado de automóvel buscar vocês. Volto para o almoço.

– Não fica caro? O dentista não cobra muito? – Indagou ela.

– Ana, não quero que se preocupe com isso. Vou cuidar de vocês, das três. Para mim não é caro – sorriu ele.

Gustavo saiu para trabalhar, ela acordou as meninas. Disse a elas:

– Vamos ao dentista, Gustavo irá mandar um empregado nos buscar. Vamos colocar essas roupas.

– Que são as melhores – falou Lívia. – Só temos duas trocas melhorzinhas, o resto está bem ruim. Mamãe, tenho medo do dentista.

– Lívia, é bom tratar dos dentes! Você não terá mais dores. Não tenha medo, ele é um profissional e deixará nós três com os dentes sadios. Gustavo pagará tudo.

– Mamãe, gosto do senhor Gustavo, gosto muito, ele é bom – expressou Vanessa.

Logo após, um moço, empregado da fábrica, veio com o automóvel buscá-las. Era a primeira vez que elas iriam à cidade. Acharam-na singela, agradável, suas principais ruas eram calçadas com pedras. Olharam, admiradas, tudo. Gostaram. O carro parou e o moço disse:

– É aqui, dona Ana. Podem entrar, o dentista está esperando, vou aguardá-las aqui.

Um senhor simpático as recebeu sorrindo.

– O senhor Gustavo já me explicou, entrem, por favor. Quem será a primeira?

Ana foi para dar bom exemplo e acabar com o medo das garotas. Tinham muito que fazer, os dentes estavam muito estragados e o dentista tratou primeiro do dente dolorido de Lívia.

– Não irá doer mais. E para terminarmos logo, vamos marcar muitos horários.

Saíram aliviadas.

– Não vou ter mais medo de dentista – falou Vanessa. – Ele é um senhor simpático e seu dente, Lívia, não doerá mais.

Durante o almoço comentaram com Gustavo a aventura que foi para elas a ida ao dentista. Ele sorriu e falou:

– Ana, hoje só irei à fábrica mais tarde. Logo virá aqui uma moça que vende roupas, pedi a ela que trouxesse algumas para vocês experimentarem. Ela é esposa de um funcionário meu, e a mãe dela é costureira e fará alguns vestidos para vocês. Essa moça está precisando vender...

Elas nada comentaram. Após uma pausa, ele continuou:

– Estamos em férias escolares, logo começará o segundo semestre, vou matricular as meninas no estabelecimento de ensino na cidade perto daqui. Nicanor leva os netos para a escola de charrete e levará também as duas. Pelo que você me disse, Ana, elas foram poucos dias deste ano às aulas, mas a diretoria irá aceitar tudo, ajudo muito o Grupo Escolar e ela ficou contente por me fazer esse favor, as meninas não perderão o ano. Mas, para não terem muitas dificuldades, contratei uma professora particular que dará aulas a elas nesta última semana de férias e continuará depois que as aulas começarem. Se vocês são mesmo estudiosas, não sentirão falta das aulas que perderam. Essa moça, a professora particular, é dona Geni, que leciona num colégio. Está com a mãe doente, precisando muito de um ordenado extra. Vocês, meninas, irão gostar dela, virá aqui logo mais à tarde e dará uma lista de materiais que vocês precisarão comprar. Na segunda-feira, quando forem ao dentista, meu empregado comprará para vocês.

As três ficaram quietas escutando. Vanessa até abriu a boca, os olhos de Lívia se encheram de lágrimas e Ana pensou: "Gustavo está nos ajudando da mesma forma que parece fazer aos outros, creio que ajuda todos. Que homem bom!" Olhou, queria dizer algo que expressasse o que sentia, mas só conseguiu balbuciar:

– Gustavo, obrigada!

– Senhor Gustavo – exclamou Lívia –, muito obrigada! Agradeço muito por não ter mais dor de dente. Sou estudiosa, gosto muito de aprender e vou estudar muito.

– Senhor Gustavo – expressou Vanessa timidamente –, que Deus o proteja pelo que está fazendo por nós. Gosto do senhor!

– Bem, vamos acabar de almoçar – disse Gustavo, alegre – que logo a moça das roupas chegará.

E realmente a moça chegou com grandes sacolas e começou a mostrar as roupas. Eram boas, deviam ser caras. Ana e as meninas ficaram indecisas, e Gustavo falou:

– Separe tudo o que serviu, elas ficarão com todas.

– Gustavo – Ana falou baixinho –, são muitas e caras, não precisamos de tantas.

Ele sorriu e lhe falou ao ouvido:

– Deixe-me comprá-las, a moça precisa vender.

Os olhos das meninas brilharam de admiração, nunca imaginaram ter roupas tão bonitas. A moça, após a venda, foi embora contente. Elas vestiram roupas novas para esperar pela professora, que não demorou a chegar, e a aula começou. Dona Geni fez uma avaliação, marcou horário para a semana toda à tarde para lhes dar aulas e deixou a lista do material de que necessitariam na escola.

Quando Gustavo chegou para o jantar, encontrou-as felizes, com roupas novas, conversando e rindo.

– Que bom vê-las contentes!

– Contentes? – Exclamou Ana. – É pouco, estamos felizes.

– Ana, amanhã à tarde vou embora, volto na quinta ou sexta-feira. Meu empregado virá buscá-las pela manhã todos os dias para levá-las ao dentista e na segunda-feira ele as levará a duas lojas, uma de confecção, onde comprará roupas íntimas e o que lhes falta; outra é de sapatos, é de um amigo meu. Quero que compre pelo menos três calçados para cada uma. Depois irão à papelaria comprar tudo que dona Geni escreveu na lista e mais pastas, lancheiras e o que as meninas quiserem. Quero também que vocês vão a uma cabeleireira, precisam de um bom corte nos cabelos. Vou pedir para dona Geni levá-las.

E assim foi feito. Nunca tiveram tantas roupas, agasalhos, cadernos, e uma nova vida começou para elas. Foram ao salão de beleza, as trataram bem. Ana fez muitas coisas que as mulheres costumam fazer e o resultado foi muito bom.

Mas não se enfeitou muito, lembrou que Gustavo falou de sua esposa com reprovação, queria agradá-lo e achou que o faria com sua simplicidade. Quando ele a viu, ao retornar, comentou aprovando:

– Ana, você está muito bonita!

Estava tudo muito tranqüilo, em paz, e Ana teve medo de que tudo passasse rápido. As meninas, alegres, estudavam e aprendiam com facilidade, dona Geni afirmou que não iam ter problemas para acompanhar os colegas de classe. Porém, Ana sentia a falta dos filhos, tinha muita saudade e chorava escondido, a ausência deles lhe doía demais.

Nicanor trouxe a esposa, dois filhos e netos para que Ana e as meninas conhecessem, como também apresentou-as às crianças da vizinhança, e logo fizeram amizade. As aulas começaram, tinham aulas no período da tarde. Nicanor as levava de charrete e as buscava, gostavam da escola. Como iam ao dentista pela manhã, dona Geni vinha à noite, ajudava-as com as tarefas, ensinando-as o que elas não sabiam.

O tratamento dentário foi dolorido para Ana. Vanessa terminou primeiro, depois Lívia e finalmente ela. Aprenderam a escovar corretamente os dentes e Gustavo marcou para que elas fossem todas as férias ao consultório dentário.

Ana não gostava de ficar à toa; ajudava Ruth e as duas se tornaram amigas. Ruth a ensinou a bordar e ela passou a fazer toalhas muito bonitas. Também foi aprender a costurar com uma vizinha. Quis aproveitar a oportunidade para aprender uma profissão. Guardou por um tempo as roupas velhas, depois pediu para Ruth doá-las.

– Perto daqui há umas casinhas onde moram pessoas muito pobres. Irei até lá levar estas roupas.

Lívia comentou feliz:

– Nem parece que faz três meses que estamos aqui. Mamãe, por favor, não quero ir embora, não quero sair da chácara.

– Devemos fazer tudo para ficar – expressou Vanessa. – Vamos ser sempre boazinhas e agradecidas ao senhor Gustavo.

E ele estava cada vez mais ficando na chácara, quase todos os finais de semana. Falava sempre de seus problemas a Ana, que escutava atenta, dando sugestões e animando-o. Mas ela pouco falava de si, só contou que não vivia bem com Gilberto, que este a maltratava. Preferia falar de sua infância, de seus pais. Narrou a ele a briga com a família. Falou que Gilberto morreu em um acidente, mas não disse nada dos filhos, era um assunto muito doloroso que não conseguia ainda lembrar sem chorar, e não queria se lamentar para ele, que tanto as ajudava. Depois, tolamente, temeu contar a ele que as meninas eram enteadas e não filhas.

Um dia ele viu uns livros na cabeceira da cama.

– Você está lendo-os? – Indagou.

– Gosto de ler – respondeu ela. – Achei estes livros numa gaveta.

– Vou trazer para você alguns livros de que gosto, aprende-se muito lendo. É um hábito que devemos cultivar.

Ele trouxe algumas obras e Ana passou a ler muito. Passaram a ter mais assunto para conversar e era sempre muito agradável ficar juntos conversando, às vezes na sala, outras na varanda. E ele se refazia na chácara, lá tudo era paz e tranqüilidade.

Pela manhã, num sábado, Ana estava na cozinha ajudando Ruth e Gustavo ficou na varanda. As meninas jogavam bola, contentes. Ele ficou algum tempo observando, depois resolveu se aproximar delas:

– Que bola diferente! Deixe-me ver! É de tecido?

– É – respondeu Vanessa. – Mamãe que fez!

Ele pegou e examinou a bola, Ana a tinha feito de papel e tecido.

– Vocês não têm brinquedos? – Perguntou. – Não têm vontade de tê-los?

– Eu queria ter uma bicicleta e uma boneca grande. Uma vez ganhei uma boneca, mas ela ficou na outra casa quando mudamos – expressou Lívia.

– Vamos à cidade, vocês duas e eu. Comprarei alguns brinquedos para vocês – falou Gustavo.

Lívia aproximou-se do carro, rapidamente. Vanessa segurou-a pelo braço, olhou para ele e disse:

– Não precisa, senhor Gustavo, o senhor já nos tem dado tudo de que precisamos, somos gratas.

– Vanessinha, quero comprar uns brinquedos para vocês, vamos logo, que a loja ainda está aberta. Nicanor, avise a dona Ana que saí com as meninas, mas volto logo.

Quando Nicanor avisou Ana, ela ficou indecisa, sem saber o que fazer. Temeu, nunca havia deixado as meninas sozinhas com ninguém. Mas não demoraram a voltar, e ela se envergonhou por ter duvidado de Gustavo. Elas estavam tão felizes e gritaram entusiasmadas:

– Mamãe! Mãe! Venha ver o que ganhamos do senhor Gustavo!

Lívia e Vanessa pulavam, sorriam e falavam ao mesmo tempo. Desceram do automóvel com duas bicicletas, bonecas grandes, bolas e mais alguns brinquedos. Ana as olhava emocionada. Lívia conseguiu falar com mais calma:

– Mamãe, o senhor Gustavo comprou tudo isso para mim e para Vanessa e disse mais: que nos dará uma festa de aniversário! Irei fazer treze anos no mês que vem e é para a senhora fazer uma grande festa, e outra no aniversário de Vanessa. Como estou feliz!

Ana se esforçou para falar, estava emocionada:

– Vocês agradeceram?

– Eu falei um milhão de obrigadas! – Exclamou Lívia.

– E eu, dois milhões – disse Vanessa.

Ana aproximou-se dele, que as olhava contente, e o beijou no rosto.

– Obrigada, Gustavo! Deus lhe pague!

– Já pagou com seu beijo – respondeu ele, abraçando-a.

Foram almoçar e deixaram as meninas brincando.

– Deixe-as – disse ele –, virão comer quando estiverem com fome. Estão tão entusiasmadas com os brinquedos!

Fizeram as festas, vieram os coleguinhas da escola, as crianças da vizinhança. E a chácara agora estava sempre com a meninada brincando, comendo as frutas, rindo e gritando. Quando chegaram ali, as meninas pareciam ter menos idade, eram miúdas, mas elas cresceram naqueles meses, pareciam outras, estavam sadias, coradas, mais bonitas, eram felizes.

Dois meses depois, elas não precisaram mais das aulas particulares e foram aprovadas com boas notas.

Nas festas de final de ano, Gustavo passou com a família. As três sentiram falta dele, mas entenderam.

As meninas se divertiram muito nas férias, e as aulas iniciaram.

Gustavo dava dinheiro para Ana todo mês, apesar de mandar Nicanor comprar tudo de que necessitassem na cidade e pagar depois. Ela não gastava com nada e resolveu guardar.

– Gustavo – disse ela –, você me dá dinheiro e não tenho gastado, gostaria de guardá-lo, mas com a inflação não vale a pena.

– Vou abrir uma conta no banco para você.

Trouxe os papéis para ela assinar e todo mês ela passou a depositar o que ele lhe dava. Sentiu-se mais tranqüila; se precisasse tinha como se manter por uns tempos.

Ela passou a ir freqüentemente ao salão de beleza, fazia tudo para agradá-lo e ele continuava gentil e bondoso.

Naquela tarde estava muito quente. Ana estava só com Ruth, foi ao jardim, sentou-se num banco de madeira embaixo de uma árvore. Zek, o cachorro, que agora estava sadio e muito bonito, a acompanhou. Ele era um animal dócil, carinhoso, que gostava de estar sempre com ela. Ficou deitado ao seu lado. Ana parou de bordar, olhou para suas mãos; não tinha mais calos, estavam macias, as unhas esmaltadas e bonitas, pensou:

"Tudo tão calmo! Como seria nossa vida se não tivesse acontecido o acidente? Será que Gilberto teria mudado? Não, acho que não! E se só ele tivesse morrido? Que bom seria ter aqui comigo meus dois filhos. Rodrigo e Marcelo iam gostar muito de morar neste lugar. Mas como seria naquele tempo no restaurante com mais dois? Não seria, com quatro não teria arrumado o emprego."

De repente, ela sentiu um mal-estar estranho, ficou arrepiada. Zek ganiu e pulou no seu colo, se escondeu tremendo na saia dela. Ana olhou para o lado, onde estava o cãozinho e aí... viu Gilberto com o mesmo olhar cínico e maldoso. Não o viu nitidamente como se vê um encarnado, mas o escutou como se as palavras ecoassem dentro dela:

– Ana, vá embora daqui!

# 7
# A Perseguição de Gilberto

A imagem sumiu. Ana abraçou Zek e correu com ele para casa. Entrou na sala, ainda estava tremendo, lembrou que deixou o bordado no jardim, talvez no chão, mas não teve nenhuma vontade de buscá-lo.

"Devo ter adormecido e sonhado, só pode ser isso!" – Pensou.

De novo o arrepio, a sensação estranha e aquela voz que dizia:

– Ana! Pegue as meninas e vá embora daqui! Abandone Gustavo, eu ordeno! E me obedeça logo, senão você já sabe!

– Não, não quero ir embora daqui, não quero! – Falou alto, estranhando mais ainda por estar respondendo àquele fenômeno.

– Vai e vai porque eu quero!

Escutou não como se ouvem pessoas no plano físico, sentiu os dizeres na mente e teve a certeza de que era Gilberto. Balbuciou toda trêmula:

– Meu Jesus, me acode! Deus, tenha piedade de mim!

– Vou, mas volto, e pense já como ir daqui com as minhas filhas!

A sensação acabou. Ana ficou um tempo sentada no sofá da sala encolhida e com medo, tentou raciocinar:

"Será que vi realmente Gilberto? Se Vanessa vê e fala com a mãe dela, a Aninha, isso é possível. Mas por que ele quer que vamos embora? Ciúme? Não, não creio, é por maldade. Ele não quer nos ver bem. Vou buscar meu bordado."

Voltou ao jardim com receio e Zek, ao seu lado, juntinho dela estava com medo também. Pegou a toalha, voltou rápido para casa e a guardou, não estava com vontade de bordar mais. Também não conseguiu ler. Tentou parecer tranqüila às meninas quando elas chegaram da escola. À noite, teve medo de ficar no quarto sozinha; pela primeira vez quase chamou as meninas para dormirem com ela.

"Tudo isso é bobagem – pensou, tentando se convencer. Deve ter sido o calor, tive uma visão, foi só isso, não vi nada, não escutei nada".

Dormiu e sonhou. O que realmente aconteceu foi que Ana, ao adormecer, se desprendeu do corpo e em perispírito* encon-

* Perispírito: envoltório semimaterial que une o espírito ao corpo material (N. E.).

trou-se com Gilberto, que a esperava para conversar. Ele entrou no seu quarto e se queixou:

– Ana, não estou bem, morrer é muito ruim, é estranho. Sinto-me como se estivesse vivo, ando sem destino, tenho dores, sofro. E tudo isso é culpa desse Gustavo, assassino!

– Não fale assim, Gilberto, você não tem o direito de entrar aqui nem de me atormentar! – Disse ela com medo.

– Como você está atrevida! Está precisando apanhar! Escute aqui, minha cara, sempre mandei em você e vai continuar me obedecendo, nada vai ser diferente. Você tem de abandonar o assassino, porque aí ele sofrerá, o safado idiota ama você de fato. Vou lhe explicar por que tem de abandoná-lo. Morri por culpa de um ricaço, um miserável que nos atirou no precipício, e sabe quem é o assassino? Gustavo! Sim, ele mesmo. Agora entendeu?

– Não acredito! Você mente! – Exclamou ela.

– Não minto! Gustavo é o assassino de seus filhos! – Afirmou Gilberto, sorrindo cinicamente.

– Onde estão Rodrigo e Marcelo? – Perguntou Ana.

– Não sei! Foi muito confuso, me lembro pouco daquele dia, padeci muito. Quando entendi que empacotei, que morri, estava num lugar estranho, aí fui atrás do assassino e qual foi meu espanto: encontrei-o aqui com vocês, minha mulher e filhas.

– Gilberto!

Ouviram e ambos olharam para onde vinha aquela voz doce e forte, e viram Aninha. Ela aproximou-se, ficou do lado de Ana e falou de modo calmo, mas firme:

– Saia daqui, Gilberto! Você não tem o direito de cobrar nada. Não se preocupa com ninguém. Não quis saber dos meninos, nem de Ana com nossas filhas. Em vez de tentar ajudar seus familiares ou mesmo querer saber como estavam, se bem ou mal, como sempre, egoísta, pensou só em você. Culpa o outro pelo que ele fez de errado, perde tempo em querer se vingar. Raciocinou por acaso para onde Ana irá com nossas filhas? Se terão onde morar, se se alimentarão, terão frio ou...

– Não se intrometa! Saia daqui você! Ninguém a chamou!

– Tenho duas filhas aqui, amo-as, me preocupo com elas e não quero que vão embora!

Gilberto gritou, Ana se assustou, correu para o corpo e acordou tremendo, toda suada. Teve medo, acendeu a luz e começou a orar. Lembrou-se do sonho com quase todos os detalhes. Normalmente quando acordamos após esses encontros é mais fácil recordá-los.

Gilberto saiu do quarto dela, foi à varanda e Aninha foi atrás. Ele falou debochando:

– Minha digníssima ex-esposa, que todos por aqui a chamam de Aninha, caia fora, o assunto não é com você.

– Engana-se, Gilberto, é comigo sim. Tive permissão para protegê-las e eu não deixarei que você se vingue de um homem nobre e bom e prejudique-as pela sua insensatez.

– Ele é um assassino! – Exclamou ele, nervoso.

– Você sabe que não! Foi seu o erro e é o culpado pela desencarnação de Rodrigo e Marcelo.

– Hum... desencarnação, parece que esteve aprendendo... Bem, Aninha, vá embora que o assunto é meu e não gosto de intromissão. Senão... vou bater em você, vou surrá-la tanto que se arrependerá de ter vindo se intrometer.

– Você já não pode me bater – afirmou Aninha tranqüilamente.

– Ah, não?

Ele riu e foi para o lado dela com o pulso fechado. Aninha ficou passiva e orou por ele. Quando se aproximou mais, foi jogado longe, caiu e rolou.

– Tudo está diferente, Gilberto – disse ela calmamente. – Você não poderá mais encostar em mim. Foi repelido pela energia que me envolve, pela vibração que irradio. E aqui estarei para proteger minhas filhas.

Gilberto se sentiu humilhado, se levantou resmungando e saiu.

"Que humilhação! Sempre bati nessas duas! E não contava com a intromissão de Aninha. Vou ter dificuldades! Na casa do assassino está Ernesto e aqui, esta outra. Vou ter de usar mais a inteligência."

Foi à outra cidade, na casa de Gustavo, a que ele morava com a família. Não entrou, ficou no jardim. Ernesto, logo que o viu, se aproximou.

– Olhe aqui, dê o fora! Já lhe falei que não o quero por aqui.

– Só vim conversar! – Respondeu Gilberto. – Me responda, o que esse aí lhe fez para que você lhe seja um cão de guarda?

– Cuidado com a ofensa! Não creio que possa ser comparado a um cão, esse animal é fiel e eu não sou. Mas exijo respeito quando falar do senhor Gustavo.

– Respeito! – Riu Gilberto. – É um bacana que mora nesta mansão, tem de tudo, é casado e tem amante.

– O senhor Gustavo é separado da esposa – defendeu Ernesto. – Ele tem um quarto aqui só para ele, só não casa com a outra porque não pode. Ele é trabalhador, bom pai, boa pessoa e ótimo patrão.

– Pelo visto – disse Gilberto, ele lhe fez muito. Você parece devedor.

Sentaram-se na grama no jardim. Ernesto falou:

– Fui empregado do senhor Gustavo por muitos anos. Ele sempre foi bondoso e justo, me tratava bem. Só que fui ingrato, o traí, fui um cretino e quero que ele me perdoe.

– Se o senhor Gustavo é tão bom como você fala, por que ele não lhe perdoa? – Perguntou Gilberto.

– Porque ele não sabe o que eu fiz – respondeu Ernesto.

– Não entendo....

– Vou lhe explicar: é que roubei dele uma boa quantia de dinheiro, disse a todos que ganhei na corrida de cavalos, todos acreditaram, mas desfrutei do dinheiro só por uns quinze dias, tive um derrame e "bati as botas", meu corpo morreu e eu continuei vivo e com remorso.

– A família rica... – Ironizou Gilberto.

– Sim, o dinheiro ficou para eles, mas não me importo com isso. Tenho uma família honesta, esposa direita, que chorou a minha morte – falou Ernesto tristemente.

– Mas como roubou o cara e ele não percebeu? Que estranho! Ele é panaca? – Gilberto perguntou, curioso.

– Vou lhe contar tudo e aí entenderá. Estava viajando com o senhor Gustavo. Fomos à outra fábrica, quando ele recebeu um telefonema da esposa dele, dona Lorena, que para infernizá-lo exagerou o estado de saúde do filho, o caçula, Júnior. O rapaz teve uma crise de apendicite e estava sendo operado. Pelo que ela disse, Júnior estava à morte. O senhor Gustavo se desesperou, ele adora os filhos. Saímos apressados, no caminho houve um acidente e o meu ex-patrão estava com uma quantia grande de dinheiro. Ele me pediu para ficar no local, me deu esse dinheiro para que eu pagasse toda a despesa do funeral e amparasse a viúva.

– E você roubou! Safado! – Gritou Gilberto. – Onde foi esse acidente?

– Na serra...

Gilberto esmurrou Ernesto.

– Ladrão miserável! Fui enterrado como indigente, porque Ana não tinha dinheiro, e foi você que o tirou dela! Sou eu quem morreu naquele acidente e aqui estou para me vingar do assassino.

Os dois lutaram, se esmurraram por minutos. Machucados, pararam cansados e deitaram na grama.

Desencarnados como Ernesto e Gilberto, sem a compreensão da vida espiritual, que vagam sem orientação, são muito materializados, sentem os reflexos e as necessidades como se estivessem no corpo físico. Vemos muitos agirem como se ainda estivessem encarnados. Lutas e brigas são comuns nas regiões umbralinas ou quando estão vagando. Sentem dores nos machucados. Estremecidos, vemos muitos vingadores torturarem, castigarem seus desafetos, que sofrem muito.

Ernesto falou após uma pausa:

– Gilberto, sou um ladrão miserável, mas me arrependi e vou proteger o senhor Gustavo. Ficarei guardando-o como um cão de guarda, pois agora quero ser fiel, com ele ficarei até que me perdoe. Sou mais forte que você, não lhe bati mais porque não quis, só me defendi para ver se sua raiva passava. E o senhor Gustavo não é assassino! Estava presente e vi tudo. Foi você o culpado. Ao chegarmos na serra, vimos que ia demorar muito na fila e não queríamos perder tempo. Meu ex-patrão deu uma gorjeta ao funcionário para que nos deixasse passar na frente. Você que veio por cima de nós, bateu no nosso automóvel, voltou para dar ré e, como era mau motorista, caiu no precipício.

– E você defende o patrão, é empregadinho até hoje – ironizou Gilberto.

– Sempre gostei de trabalhar, dava graças a Deus por ter um emprego e viver dignamente com o ordenado que recebia, e o senhor Gustavo foi sempre um bom patrão.

– Está bem, até que o entendo – falou Gilberto. – Odeio você por ter ficado com o dinheiro de Ana, mas admiro sua esperteza, faria o mesmo no seu lugar. Você não vai deixar que eu me aproxime dele?

– Não!

Ernesto o olhou e o ameaçou com a mão fechada. Gilberto levantou-se e foi embora.

"Bem – pensou –, se não posso me aproximar desse assassino, o jeito é fazer com que Ana se vingue por mim."

E ficou na chácara e passou a atormentar Ana. Aninha, vendo o que acontecia, porque estava lá sempre que lhe era possível, visitando as três, pediu licença e teve permissão de vir ajudá-las, mas na condição de auxiliar também o ex-esposo.

Ana estava inquieta, nervosa, tinha medo de dormir e sonhar com Gilberto, parecia que o via pela casa, sentia sua presença e ouvia sempre:

"Ana, vá embora desta casa!"

Quando Gustavo chegava, ela se esforçava para parecer normal. A presença dele lhe dava mais segurança, mas quando ele ia embora, voltava a inquietar-se.

E assim foi por dois meses; ela não sabia o que fazer, temia que ao contar a Gustavo este a julgasse louca, desequilibrada. Não conseguia ter sossego, não lia mais nem bordava. Queria a proteção de Gustavo.

Ernesto, ficando com Gustavo, não deixava Gilberto se aproximar e este, a contragosto, não conseguia influenciá-los. Por isso Ana se sentia melhor com Gustavo. Esse espírito, Ernesto, usava a força para afastar Gilberto. Já Aninha ajudava Ana, mas queria que ela procurasse o entendimento, um meio certo, caridoso, que afastasse Gilberto, em que a amiga aprendesse e achasse uma religião, a compreendesse e seguisse, como também encaminhasse as filhas. E pelos acontecimentos, tinha esperança de que Ana se encontrasse no Espiritismo. Acompanhava tudo de perto, só interferiria se Gilberto se excedesse, porque planejava também ajudá-lo. Embora ela estivesse sempre ali, Gilberto não a via, pois seu padrão vibratório era mais baixo que o da ex-mulher. Mas, caso Aninha desejasse ser vista por ele, bastaria baixar sua vibração para que ele pudesse enxergá-la.

Domingo à tarde Gustavo ia embora e desta vez ia ficar quinze dias, ia viajar a negócios. Ele a abraçou na despedida.

– Ana, sinto-a triste.

– É que você irá demorar desta vez...

– Mas voltarei, querida.

Ana estava sofrendo e, pior, não sabia o que fazer para acabar com aquele tormento. Andava pela casa nervosa, tentando parecer tranqüila para as meninas.

Estava no quarto quando sentiu o ex-companheiro novamente ao seu lado. Falou, desesperada:

– Gilberto, pelo amor de Deus, me deixe em paz!

– Não quero prejudicá-la, quero que me obedeça! Mas se teimar em não me atender, vou deixá-la louca!

– Como tem coragem de fazer isso? Não chega o que me fez quando vivo? – Perguntou Ana.

– Cara Ana, continuo vivo, embora a morte tenha acabado com meu lindo corpo carnal! E foi esse assassino que acabou com a vida prazerosa que eu tinha, por isso tenho de acabar com ele! Estou tendo uma idéia brilhante: se ele matou a mim e aos seus dois filhos, você deve matá-lo! Isso, mate-o! E logo!

– Nunca! Não sou uma assassina! – Ela falou, exaltada.

– Mas ele é! Matou-me! E você tem de me vingar! Odeio-o! – Exclamou Gilberto com raiva.

– Matando-o irei para a prisão, e as meninas, não pensa nelas? O que irá acontecer com suas filhas?

– Irão para um orfanato, sei lá, resolverei isso depois. Há muitas pessoas boas que gostam de ajudar órfãs... – Riu ele cinicamente.

– Gilberto, como você é imprudente...

Escutaram novamente a voz doce e firme.

– Aninha? Você de novo? Não se intrometa! – Gritou Gilberto.

Ana ajoelhou-se e rogou:

– Aninha, por favor, por suas filhas, me livre do Gilberto... Ave Maria....

Orações sempre têm respostas. Ruth entrou no quarto para limpá-lo, viu a patroa ajoelhada, aproximou-se e falou timidamente:

– Dona Ana, está acontecendo alguma coisa? Está doente? Emagreceu, quase não come, está nervosa, abatida. Se eu puder ajudar...

Ia responder que não, tudo estava certo, mas sentiu Aninha ao seu lado, que a motivou, e falou:

– Ruth, o pai das meninas, meu ex-esposo, o que morreu... É que o tenho visto, ouvido, não sei explicar. Isso está me fazendo mal, tenho medo, ele quer que eu vá embora.

– Dona Ana, sou espírita, freqüento um Centro Espírita pequeno, humilde, logo ali, perto da curva que leva à cidade. Entendo perfeitamente a senhora, sei que isso é possível. Eu também tenho sentido algo estranho, tenho visto dois vultos, um escuro, de fluidos ruins, e outro iluminado. Por isso acredito na senhora, porque esse fato tem explicação na Doutrina Espírita. Quando o corpo morre, somos levados a viver com um corpo espiritual, o perispírito, e pode-se ir a muitos lugares. Os bons, que têm merecimentos, para lugares lindos, tranqüilos; os imprudentes podem ir ao Umbral, um lugar que temporariamente os abriga, ou podem vagar nos lugares em que viveram encarnados ou perto de seus familiares. Pelo que a senhora disse, Gilberto era um imprudente, creio que vaga e quer atormentá-la talvez por ciúme não a queira perto do senhor Gustavo.

– Acredito no que você está dizendo, Ruth. – Expressou Ana. – Mas quem poderá me ajudar? Gustavo voltará daqui a três dias e eu estou confusa, não sei o que fazer.

– A senhora não quer ir à casa do senhor João? É um senhor espírita que trabalha no Centro Espírita que eu freqüento, ele mora ao lado do Centro. Pedirei para ele lhe dar um passe, que lhe fortalecerá. Pediremos ajuda a ele e aos bons espíritos, que nos auxiliarão, orientando-nos.

– Quero ir, sim! – Respondeu Ana, esperançosa.

E foram. O senhor João as atendeu gentilmente, deu-lhe um passe, colocou as mãos acima de sua cabeça e orou baixinho. Ana sentiu-se em paz, mais tranqüila. Ele falou:

– Dona Ana, está conosco uma senhora, um espírito, uma desencarnada que me diz que a ama muito, está lhe pedindo para voltar mais vezes aqui e que está, dentro do possível, ajudando-a. E que é para a senhora repartir com as meninas os problemas.

Lágrimas escorreram dos olhos de Ana, que falou emocionada:

– Por favor, senhor João, pergunte a ela dos meninos.

O senhor espírita aquietou-se por um instante e respondeu:

– Ela está me dizendo que os meninos, filhos dela, estão muito bem, que ela é mãe dedicada. Eles são muito felizes.

Ana entendeu. Aninha dizia que era mãe deles, como ela era das meninas. Sentiu saudades, vontade de abraçar os filhos, olhou para aquele senhor de olhar meigo, confiou nele, e ele disse tranqüilamente:

– Para mãe, para aquele que ama, o importante é saber que o ser amado está bem.

Entendeu o recado, agradeceu mentalmente a Deus e verbalmente a ele e saíram. Ela se sentiu bem, como há muito não se sentia, desde que Gilberto começou a persegui-la.

– Ruth, agradeço por ter me trazido aqui. Senti muita paz e quero voltar.

– Dona Ana, segunda-feira à noite temos trabalhos de passes e leitura do Evangelho. Se quiser, venha comigo.

– Vou vir sim!

As meninas faziam lição na sala quando ela chegou. Ruth foi para a cozinha e Ana decidiu conversar com elas à noite, após o jantar.

Gilberto não foi com elas ao Centro, continuava com raiva. Ernesto estava atento, muitas vezes vinha à chácara observar o que Gilberto fazia. Ali estava quando Ana e Ruth chegaram e os dois viram Aninha acompanhando-as. O ex-companheiro de Ana falou, exaltado:

– Bandida! Você, Aninha, jogou baixo, tanto fez que levou a idiota da Ana naquele lugar. E agora não consigo me aproximar dela com esta energia que aquele senhor colocou à sua volta. Mas há mal que vem para bem, ela irá falar com as meninas e minhas filhas irão querer ir embora quando souberem que Gustavo assassinou a mim e aos meninos!

Passe, quando é dado com amor, por passistas que querem realmente ajudar, é transmissão de energias benéficas de grande ajuda. As pessoas que vão em busca desse auxílio devem fazê-lo somente quando necessitadas e ser receptivas, querer o benefício recebido e alimentar essas energias com orações e bons pensamentos, porque basta baixar as vibrações para as boas energias se dispersarem. Senhor João, passista exemplar, com a orientação e trabalho em conjunto com amigos espirituais, colocou em Ana uma energia que a protegia de outras contrárias. Eles sabiam o que estava acontecendo, pois Aninha lhes dissera.

Nesse caso e em muitos que temos visto, desencarnados imprudentes como Gilberto não conseguem se aproximar enquanto o encarnado estiver protegido por esses fluidos. Devemos dar mais valor a esse ato benéfico que é o passe. Os passistas devem vibrar melhor, com caridade e amor para doar, e quem recebe deve fazê-lo com amor, confiança e se esforçar para conservar o que recebeu, porque é de graça, mas é por graça.

Gilberto virou para Ernesto e falou, confiante:

– Ernesto, fique para escutar a conversa que Ana terá com minhas filhas e verá sua derrota. Seu querido patrão ficará sem a mulher amada. Gostar de Ana, que mau gosto!

– Está bem, se você ficar, posso também, pois não quero perder você de vista – respondeu Ernesto.

– E você ficará, Aninha? – Perguntou Gilberto, rindo.

– Vou e lhe aviso, não vamos interferir, ficaremos só escutando. Não vou deixar você fazer nada com as meninas.

– Não tenho feito nada com elas. Tenho a certeza de que elas irão embora. Não é a vingança que sonhei, queria mesmo que Ana o matasse, mas sei que não conseguirei fazer esta "mosca morta" matar o cara. Já sei, Aninha, não precisa repetir. É difícil, quase impossível obrigar alguém que não tem má índole a fazer algo que não quer. Esta bobinha não tem instinto assassino, não mata nem um rato. Disso já desisti, mas não de fazê-la ir embora.

Gilberto concluiu acertadamente. É muito difícil obrigar um encarnado a fazer algo que ele repele, que lhe é totalmente contrário. Todos nós podemos ouvir sugestões, mas fazer ou não o sugerido depende de cada um. Gilberto desistiu sem tentar fazer da ex-companheira uma criminosa. Muitos tentam por anos; se conseguem ou não, irá depender de quem vencer. Os encarnados têm tudo para vencer, basta serem persistentes, se melhorarem e procurarem ajuda, que sempre encontram. Essa atitude facilita muito. Não é fácil, mas se muitos conseguem, todos podem. É bem mais fácil o desencarnado perturbar, tendo como objetivo as fraquezas daqueles que querem prejudicar. Se Ana tivesse o vício de roubar, seria fácil fazê-la ladra; instinto assassino, fazê-la matar. Gilberto, percebendo que Ana seria incapaz de matar, que preferiria antes morrer que tornar-se assassina, desistiu desse intuito, mas via a possibilidade de ela ir embora e passou a usar de todos os seus recursos para que isso acontecesse.

Quando Ruth foi para sua casa à noite, Ana reuniu as meninas na sala; o trio desencarnado estava presente e prometeram que só escutariam.

– Mãe, o que a senhora tem? Tem estado abatida. Está doente? – Indagou Vanessa.

– Não, filha, não estou doente. Tenho algo importante a dizer para vocês. Prestem atenção. Vocês se lembram do acidente na serra?

– Ah, mamãe, por favor, devemos esquecer aqueles fatos tristes, já passou – expressou Lívia.

– Lívia, deixe mamãe falar – pediu Vanessa.

Ana pediu que elas se aproximassem. As três se sentaram juntinhas e ela falou:

– É que tenho visto, sentido, sei lá o que é, o pai de vocês. Gilberto tem me atormentado, exige que vamos embora daqui porque, segundo ele, foi Gustavo que dirigia o outro automóvel. Ele o chama de assassino.

Ficaram caladas por instantes. Lívia quebrou o silêncio, falando devagar, depois mais exaltada e acabou chorando:

– Por favor, mamãe, pense bem no que irá fazer. A senhora acredita naquele homem? Meu pai foi um bandido, mau, nunca se importou conosco, nem vivo nem agora, morto. Nunca estive tão bem como agora. Coisas materiais? Sim, nunca tive tanto como agora, tudo o que eu nem ousava pensar. Mas também tenho segurança. Na escola os amigos me respeitam. "Olha – escuto –, esta é Lívia, a enteada do senhor Gustavo". Será que meu pai não vê tudo isso? Não passamos mais fome nem frio, não estamos presas àquele quartinho enquanto a senhora trabalhava triplicado. Ele não tem o direito de nos pedir isso! Não tem! Não quero ir embora, mamãe, por favor, por Deus. O senhor Gustavo é tão bom! Queria que ele fosse meu pai... Depois, quem é meu pai para nos pedir isso? Pensa que não entendia os olhares dele para mim? Eram os mesmos de meu primo, aquele que mamãe Aninha temia e não deixava que ficássemos perto dele. Eu entendia, a senhora percebeu e não deixava que ficássemos a sós com papai, até foi ameaçada de ser surrada. Entendo muito sobre isso, a vida me ensinou, meu primo, em casa com meu pai, no restaurante. Me sinto segura com o senhor Gustavo, com ele fico sozinha, ele nunca me olhou com cobiça, é uma pessoa honesta e boa. Não quero ir embora daqui! Não quero!

Abraçaram Ana e choraram. Vanessa falou meigamente:

– Calma, Lívia! Primeiro temos de saber se o que nosso pai fala é verdade. Infelizmente ele não é confiável! Depois, lembro-as de que quem teve culpa no acidente foi ele, que foi imprudente, exaltado, morreu por sua própria culpa e causou a morte de Rodrigo e Marcelo. Se no outro carro estava mesmo o senhor

Gustavo, esse não foi culpado. Escutei os comentários das pessoas por lá. Também não quero ir embora daqui. Mas quero ficar com a senhora e acatarei o que decidir. Mas por que a senhora não pergunta ao senhor Gustavo? Ele lhe dirá a verdade. Se era ele quem dirigia o outro carro, para mim não será diferente, gosto dele, sou grata por tudo que nos tem feito.

– Quando Gustavo chegar, depois de amanhã, conversarei com ele – falou Ana, decidida.

Foram dormir. Os três desencarnados ficaram calados, saíram para a varanda. Ernesto disse a Gilberto:

– Puxa, que peste você foi e ainda é! Incrível como você é mau...

– Quem é você para me criticar? – Indagou Gilberto, nervoso. – Não se esqueça de que é um ladrão.

– Você também roubou, trapaceou, não pode me comparar com você, eu sempre fui bom pai. Fiquei até arrepiado de ouvir o relato de sua filha. Tarado, você a desejava, e se não fosse esta Ana, você teria abusado da garota. Você disse que elas iam querer ir embora, mas parece que elas gostam mais do senhor Gustavo.

– Ordinário!

Partiu para cima dele, deu uns socos e recebeu muitos outros. Ernesto voltou para perto de Gustavo e Gilberto foi para um canto da chácara. Aninha se pôs a orar.

Ana dormiu melhor, protegida pelas energias que o senhor João transmitiu a ela. Gilberto não conseguiu aproximar-se. Ficou resmungando:

"Devo ter paciência, essa energia irá sumir, tenho que impedi-la de voltar àquele lugar. Se eu pudesse com essa Ruth que a levou! Mas ela também é protegida, está sempre orando, pensando no bem e em ajudar. Vou ser persistente! Que ingratidão! Minhas filhas ficaram do lado dele, do assassino!"

Ana decidiu, iria continuar indo ao Centro Espírita e contar tudo ao Gustavo assim que ele chegasse. Novamente o trio desencarnado decidiu ouvir a conversa sem interferir, e Ernesto avisou Gilberto:

– Se você se intrometer, vou lhe bater tanto que se arrependerá. Você merece ser surrado, bateu em mulheres...

Ana esperou Gustavo com ansiedade. Quando ouviu o barulho do carro seu coração bateu descompassadamente, foi à varanda, tentou sorrir ao vê-lo alegre descer do automóvel. As meninas cumprimentaram-no, foram para a sala e ficaram aguardando. Vanessa disse:

– Lívia, vamos rezar?

Ajoelharam-se, ficaram orando e fluidos de paz envolveram a casa toda. Gustavo, ao ver Ana, notou que estava apreensiva.

– O que você tem, minha querida? Aconteceu algo enquanto eu viajava?

– Gustavo, preciso conversar com você. Vamos ao nosso quarto.

Ele se sentou na cama e esperou que ela falasse. Ana não sabia como começar, tinha ensaiado tanto, preferiu ser sincera e falou a ele toda a verdade.

– Gustavo, tenho algo do meu passado que você não sabe. Não menti para você, apenas não lhe falei tudo. Lívia e Vanessa não são minhas filhas, são enteadas.

E contou tudo. Ao falar do acidente, Gustavo ficou branco, arregalou os olhos.

– Foi você, Gustavo, que dirigia aquele automóvel?

Ele abaixou a cabeça.

– Me perdoe, Ana. Fui eu sim. Naquele dia, estava aqui na fábrica quando recebi um telefonema de Lorena. Ela estava desesperada, chorando me disse que Júnior estava no hospital sendo operado de uma apendicite aguda e que corria risco de vida. Levei comigo Ernesto, um empregado de confiança, e parti aflito, queria chegar logo e saber de Júnior, temia que ele morresse. Ao ver a fila na serra, me desesperei, dei uma gorjeta ao funcionário para passar na frente. Não entendi o porquê daquele homem vir para cima de mim, do meu carro. Não tive culpa, sei que não deveria ter tentado passar à frente; se não fosse por estar ansioso, não teria feito isso. Ele caiu no precipício. Apavorei-me quando um senhor me disse: “Morreram, o motorista morreu! O senhor não teve culpa!” Apesar de ter distribuído algumas gorjetas, ainda levava comigo uma grande quantia em dinheiro para depositar no banco, pois não tive tempo de fazer isso aqui. Pedi ao Ernesto: “Fique aqui e cuide de tudo, do enterro, da viúva, dê todo esse dinheiro a ela, só depois de tudo acertado vá embora”.

Gustavo fez uma pausa, passou a mão no rosto e voltou a falar:

– Mas, pelo visto, Ernesto não fez isso. Quando ele voltou, três dias depois, afirmou que tudo tinha sido feito e que só havia falecido o motorista. E Lorena exagerou. Júnior passou pela cirurgia, mas tudo estava bem. Não esqueci esse episódio, me aborreci muito, mas não tive culpa, como também achei que tinha amparado a família do morto. Ana, por favor, me perdoe! Sei que deve ter sofrido muito com tudo isso. Sabe, quando a vi chegando ao restaurante com as meninas, senti algo diferente, como se conhecesse as três, como se precisasse protegê-las. Naquele dia, achei que era uma atração, mas você se tornou importante para mim. Amo você! Queria que entendesse e ficasse comigo.

Ana estava de pé, aproximou-se dele, sentou ao seu lado na cama, olhou-o. Lívia tinha razão, Gustavo era bom, um homem íntegro.

– Claro que o perdôo, Gustavo. Perdôo você! Entendo que não teve culpa. Realmente, esse seu empregado não me deu o dinheiro...

– Ele, tempo depois, contou a todos que ganhou uma quantia em aposta de corrida de cavalos. Acreditei sem desconfiar, ele era um empregado de confiança.

– Você o perdoa, Gustavo? – Perguntou Ana num ímpeto.

– Como não fazê-lo, Ana? Se agora mesmo pedi perdão a você e me perdoou. Foi você a maior prejudicada. Perdeu dois filhos... Sim, perdôo Ernesto. Sabe, Ana, hoje cedo abri ao acaso o *Evangelho* e sabe o que li? A parábola do senhor que perdoou o servo que lhe devia dinheiro, e esse servo não perdoou o companheiro que lhe devia uma pequena quantia. Quem não está carente de perdão para não perdoar? Ernesto morreu e quero que ele esteja em paz. Não sabia que ele fez isso. Sabendo agora, o perdôo.

Ernesto chorou de soluçar. Aninha alegrou-se. Gilberto, mal-humorado, ficou impassível, conforme o combinado, não porque tinha dado a palavra, mas temeu a reação de Ernesto.

Ana escutou Gustavo emocionada e falou a ele calmamente:

– Gustavo, vamos esquecer tudo isso. As meninas são como filhas, eu as amo, peço-lhe não dizer nada a ninguém. Aninha, a mãe delas, cuida dos meus filhos como mãe. Sabe, Gustavo, esses dias foram difíceis, Ruth me levou para tomar passe num Centro Espírita aqui perto, queria lhe pedir permissão para freqüentar esse local de orações.

– Você não tem religião, não é, Ana? Pois faz falta. Não precisa pedir, pode ir. E você tem razão, vamos esquecer esse acontecimento infeliz. Admiro-a mais ainda, minha querida. Nunca mais falaremos sobre esse assunto, e que isso não interfira na vida tranqüila que estamos tendo.

Ela sorriu e o abraçou.

– Vou tomar meu banho, estou cansado – disse ele.

Entrou no banheiro e ela correu até as meninas. Emocionou-se ao vê-las ajoelhadas orando.

– E aí, mamãe, é mentira? – Indagou Lívia.

– Não, Lívia, é verdade...

Contou a elas toda a conversa e finalizou:

– Gustavo e eu resolvemos esquecer esse fato triste. Ele não teve culpa e não vamos embora daqui por isso.

– Ai, graças a Deus! Mil vezes obrigada, Nossa Senhora! Está certa, mamãe, vamos esquecer. Mas o senhor Gustavo, sabendo agora que não somos suas filhas, nos tratará diferente? Irá nos querer aqui? – Indagou Lívia, preocupada.

– Lívia, para Gustavo, será como sempre. E eu sou mãe de vocês! – Expressou Ana.

– Devemos ser ainda mais gratas a ele! – Expressou Vanessa. – Agiu certo, mamãe. Não só por nós, mas pela senhora. O senhor Gustavo a trata como merece. Eu a amo e gosto muito dele. Vamos esquecer esse assunto!

Gustavo saiu do banho, olhou para as meninas e falou contente:

– Trouxe presentes!

Abriu a mala com os pacotes. Vanessa, com os olhinhos lacrimosos, aproximou-se dele e falou, emocionada:

– Senhor Gustavo, obrigada, muito agradecida. Gosto do senhor!

E o beijou no rosto. Sorriram alegres e abriram os presentes.

Os três desencarnados foram para a varanda.

– Está contente agora, não é, Aninha? – Perguntou Gilberto.

– Acho que foi o certo, Gilberto – respondeu ela.

– Bem, Ernesto, adeus! Você vai embora agora, não é? – Perguntou Gilberto.

Ernesto estava emocionado, ainda tinha lágrimas no rosto, mas respondeu enérgico:

– Eu?! Claro que não!

– Como não? Você deu sua palavra que ia embora assim que o senhor Gustavo lhe perdoasse. Isso já aconteceu e você vai fazer o que prometeu.

– Não vou, meu caro – respondeu Ernesto. – Não vou enquanto estiver por aqui querendo fazer mal a este homem honrado e maravilhoso.

– Você deu sua palavra! – Insistiu Gilberto.

– E um ladrão indigno tem palavra? Não vou e agora tenho mais motivação para defender o senhor Gustavo com minha vida... Bem, não estou vivo, mas defendo-o com todas as minhas forças – expressou Ernesto com convicção.

Gilberto retirou-se para seu canto, resmungando: "Não vou desistir, não vou..."

# 8
# No Centro Espírita

Ernesto redobrou a vigilância enquanto Gustavo estava na chácara. Passaram três dias tranqüilos. Gilberto ficou de longe, observando com raiva.

– Fale de seus filhos, Ana. Você deve sentir muita falta deles – pediu Gustavo.

Estavam sentados na varanda, ela não queria mais tocar no assunto, porém sentia vontade de falar dos filhos a ele, contou do tempo em que os meninos estiveram ao seu lado, como eram bonitos, alegres, como ela cuidava deles. Terminou dizendo:

– Eu os amo, serão sempre meus filhinhos queridos, creio que vivem em outro lugar bom, lindo, e que tem Aninha por mãe, estão felizes e isso me basta. A vida não é sempre como queremos, mas podemos viver bem com o que temos. Passei por tempos difíceis, fui irresponsável brigando com meu pai para ficar com Gilberto, sofri muito. O período em que estive naquele restaurante foi muito ruim, trabalhava tensa, com medo de que alguém mexesse com as meninas. Estou feliz aqui, tenho paz e elas estão tão bem! Quero agradecê-lo, devo-lhe isso.

– Preferiria ouvir que você me ama, mas tenho paciência, um dia dirá. As meninas estão chegando. Gosto delas, são educadas e boazinhas, vou ajudá-la e orientá-las na vida.

Gustavo foi embora na segunda-feira cedo e Ana não via a hora de ir ao Centro Espírita. Foi antes do horário, sentou-se e orou. Aquele lugar lhe dava calma, sentia-se bem. Viu algumas pessoas pegarem livros para ler numa estante e Ruth explicou:

– Podemos pegar livros emprestados, é só marcar no caderno; é permitido ficar com o livro por até vinte dias.

– Quero pegar um – disse Ana. – Qual devo pegar para entender o que se passa comigo?

– *O Livro dos Espíritos*, de Allan Kardec. É ótimo, mas talvez a senhora não o entenda.

– Vou pegar este; se não entender perguntarei a você.

Assim o fez. No horário marcado o trabalho começou com uma palestra. A convidada da noite foi Antonina, que falou sobre um texto do Evangelho, e após as pessoas necessitadas foram à sala de passes. Ruth disse a Ana baixinho:

– Cada semana é uma pessoa que estuda um tema e fala, sempre tentando ser clara e simples. Depois temos o tratamento pelo passe, mas esse deve ser usado como remédio, só quando for necessário.

Achando que estava precisando, Ana foi receber um passe e, como da outra vez, sentiu-se muito bem.

Naquela noite começou a ler o livro e achou-o muito interessante. No outro dia, perguntou a Ruth:

– Ruth só há o trabalho de segunda-feira no Centro?

– Não, senhora, há muitas atividades. Na quarta-feira há o grupo de estudo; estamos estudando *O Livro dos Médiuns*, de Allan Kardec; na quinta-feira temos um trabalho de orientação a desencarnados, de desobsessão; no domingo tem evangelização infantil e encontro de jovens para estudar a Doutrina. Também nos reunimos aos sábados à tarde para costurar e ajudar famílias carentes.

– Posso ir? – Perguntou Ana.

– Será bem-vinda. Só aconselhamos a não ir aos trabalhos de desobsessões sem um preparo. Venha comigo às quartas-feiras, a senhora gostará de conhecer nosso estudo.

Ana resolveu ler e estudar *O Livro dos Espíritos* e o fez em todo seu tempo disponível. Pôs-se a meditar já na primeira página sobre os dizeres: "Contendo os princípios da Doutrina Espírita sobre a imortalidade da alma, a natureza dos Espíritos e suas relações com os homens, as leis morais, a vida presente, a vida futura e o futuro da humanidade segundo o ensinamento dado pelos espíritos superiores com a ajuda de diversos médiuns. Compilados e ordenados por Allan Kardec".

– Acho – Ana falou baixinho – que é isso que necessito saber para resolver meus problemas e ajudar Vanessa, que sempre ouviu e viu Aninha, que é uma desencarnada.

Quem não gostou foi Gilberto, que resmungou:

– Que chato! Ana só fica lendo esse livro e não me dá atenção. Se fico perto dela, escuto-a ler; acho que terei de dar uma pausa, devo ter paciência...

– Gilberto! – Chamou Aninha.

– Você de novo? – Respondeu ele. – O que quer?

– É bom você cultivar a paciência.

– Não me amole! Não me ridicularize, acharei um jeito de Ana fazer o que quero. Nunca tive muita paciência...

– Não quer saber o que Ana está lendo com tanto interesse? Você não tem curiosidade de conhecer as muitas formas de viver sem o corpo físico? Você sabe tão pouco sobre isso. Aqui está o livro que Ana lê, dou a você para que faça o mesmo.

Aninha deu a ele *O Livro dos Espíritos*; ele pegou e riu.

– Muito grosso! Acha mesmo que vou ler isso? Nunca me interessei por livros... Li alguns pornográficos...

– Perdeu oportunidade de se instruir quando estava encarnado, não a recuse agora – falou Aninha com tranqüilidade.

– Como conseguiu este livro? É igual ao que Ana lê, mas tem algo diferente. Como ele foi feito? – Perguntou Gilberto, curioso, examinando o livro.

Aninha sorriu e respondeu, elucidando:

– Você não está vestido? Também tenho roupas. São plasmadas, pode-se fazer muito com a força da mente, pela vontade. Aprenderá isso e muito mais lendo...

Gilberto pareceu interessado, mas inesperadamente jogou o livro fora, no chão do jardim.

– Não o quero e não me amole...

Foi para seu canto, Aninha pegou o livro.

"Você ainda irá ler, Gilberto, irá sim!"

Gilberto pensava em Ana e recebia seus pensamentos, o que lia no livro.

"Que chato! Não agüento mais essa baboseira!"

Quis ir embora por uns tempos, pensou e não achou para onde ir. Resolveu esperar o entusiasmo de Ana passar, esse certamente passaria, e se pôs a observar Ruth; ela não deveria ser tão certinha como parecia ser.

Ana chegou ao capítulo 9 – "Intervenção dos Espíritos no Mundo Corporal". Na resposta da pergunta 474 leu muitas vezes o trecho: "Mas saiba que essa dominação não se faz jamais sem a participação daquele que a suporta, seja por sua fraqueza, seja por seu desejo".

"É isso que acontece – pensou –, tenho deixado Gilberto interferir na minha vida, tenho escutado-o. Que coisa! Estou descobrindo um mundo novo e estou gostando!"

Na quarta-feira foi com Ruth ao Centro Espírita. Esta apresentou-a ao grupo:

– É minha patroa, dona Ana, que está atravessando um período difícil e quer freqüentar o grupo de estudo para que possa entender o que se passa com ela.

– Seja bem-vinda!

Após uma oração, foi aberto *O Livro dos Médiuns* e o senhor João explicou:

– Estamos estudando o livro de Kardec sobre mediunidade.

Ana resolveu não atrapalhar; mesmo que não entendesse, não perguntaria nada. Segundo Ruth, era lido um texto e faziam comentários. Mas antes de começar a leitura, uma senhora indagou:

– Senhor João, é mesmo necessário o médium estudar? Conhecer a Doutrina? Não é preferível ele ter boa vontade e trabalhar?

– É importante ter boa vontade e trabalhar, não adianta nada só ter conhecimento. Aquele que só conhece e nada faz com o que sabe, a meu ver, é como aquela figueira da qual Jesus falava aos seus discípulos, que não dava frutos. Mas também vejo um médium que não quer estudar como alguém que quer fazer um farto jantar e não entende nada de culinária. Só entrar na cozinha (Centro Espírita) e ser médium (cozinheiro) não fará com que o jantar saia a gosto. Muitos médiuns que não estudam põem a culpa das bobagens que fazem nos desencarnados que recebem. Há muitos desencarnados sem conhecimentos, mas também, como muitos encarnados não querem estudar, o trabalho que fazem poderia ser bem melhor. E muitos desencarnados não conseguem passar o que sabem ao médium por este não ter conhecimento. Agora, se unir os fatores, conhecimento, vontade e disposição, o trabalho sairá do melhor modo possível; e se unir o amor aos ingredientes, aí sim, estaremos seguindo o exemplo de Jesus, dos espíritos superiores. Agora vamos abrir o livro no capítulo 23* e continuar onde paramos: ler as questões 242 e 243.

Ana escutava fascinada, e um senhor fez uma pergunta:

– O desencarnado que persegue um encarnado tem consciência de que ocupa seu tempo indevidamente? Por que existe tantos a obsediar?

Senhor João respondeu, elucidando:

– Como já vimos e veremos no decorrer deste capítulo, desencarnados obsediam por muitos motivos. Poderia responder simplesmente: pela falta de perdão. Isso resumiria tudo. Porém, o assunto é mais abrangente. Há desencarnados que se iludem, querendo continuar vivendo como encarnados e para isso têm de vampirizar, roubar energias alheias para se sentirem alimentados, porque não sabem tirar das fontes naturais energias para si. Essas obsessões são simples de resolver, principalmente para os encarnados que nos procuram; aos desencarnados é oferecida ajuda; tendo o livre-arbítrio, podem aceitar ou ir procurar outro encarnado para vampirizar. Há obsessões pelo amor sem compreensão, o desencarnado quer ficar perto de seu afeto e às vezes pensa até que o ajuda. Mas ninguém faz sem saber, sem poder. Esses também são quase sempre de fácil solução, porque o desencarnado, ao compreender que está errado, querendo bem o ser amado, aceita aprender a ser útil para ajudar mais

* *O Livro dos Médiuns*, cap. 23, "Da obsessão" (N. E.).

tarde. Os que não perdoaram perseguem com rancor, necessitam ambos, desencarnado e encarnado, compreender a necessidade de perdoar e fazer o bem.

O senhor João fez uma pequena pausa e continuou:

– Estou me lembrando agora de uma historinha que há tempo li e adaptarei para melhor ilustrar esse fato.

"Um homem, vamos chamá-lo de José, andando pelo campo, chegou à margem de um riacho. Embora não fosse fundo, era largo. Viu um senhor idoso e tudo indicava que queria atravessar. José aproximou-se e ofereceu:

"'Precisa de ajuda, senhor?'

"'Bom jovem, queria atravessar este rio, porém estou doente e não posso me molhar.'

"'Sou forte, se o senhor quiser posso carregá-lo até o outro lado.'

"O senhor aceitou sorrindo e José o colocou nos ombros e o levou ao outro lado.

"'Obrigado, meu caro – agradeceu o velho. – Você acaba de ser testado por mim, um gênio, o senhor do destino dos homens'.

"José se assustou ao ver aquele velho se transformar e teve diante de si um homem bem-vestido, alto e forte.

"'José, não se assuste. Por ter me prestado um favor, lhe farei outro. Levarei você até a gruta onde está o livro do destino. Vou deixá-lo lá por três minutos e poderá escrever nele o que quiser.'

"E José foi transportado rapidamente pelo gênio até a gruta. Foi tão rápido que não deu tempo de ele saber onde ficava tão famoso lugar.

"'Aqui está o livro, uma caneta e lembre-se, tem três minutos!' – Disse o gênio e se retirou, deixando José sozinho.

"E abriu o enorme livro e logo achou a página em que estava escrito o seu nome. Mas pensou: 'Tenho uma ótima oportunidade de me vingar dos meus inimigos'. Eram três os seus desafetos.

"Rápido, procurou o nome do primeiro, achou a página dele e escreveu: 'vai ficar cego'. Procurou o segundo e, achando, anotou: 'vai ficar na miséria'. E assim fez com o terceiro, e determinou: 'vai morrer só e abandonado'. Quando ia procurar seu nome novamente, surgiu o gênio e lhe disse:

"'Seu tempo acabou!'

"E José se viu transportado como um raio para a margem do rio.

"E sabem que aconteceu com o José dessa singular história? Foi abandonado pela esposa e filhos, ficou só, na miséria e cego. E pior, se lastimando, porque se ele não tivesse perdido tempo com seus inimigos, certamente teria uma vida diferente.

"Certamente que o livro do destino não existe como é narrado nesse conto, mas existe o que fazemos, as nossas ações.

"Tantos como José passam a existência preocupados com os desafetos, esquecendo de fazer algo de bom para si, e pior, continuam após a desencarnação a se preocupar com aqueles que julgam ser seus inimigos.

"Se esquecermos os desafetos e nada fizermos para prejudicá-los, não teremos do que nos lastimar, como José, que poderia ter prestado mais atenção nos afetos e não seria abandonado, ter se dedicado mais ao trabalho e não acabaria na miséria, vibrar melhor no amor e não ter adoecido. Se o desencarnado, em vez de querer se vingar, tivesse procurado o bem, iria ter a saúde proveniente do equilíbrio espiritual, teria o merecimento de ser abrigado numa Colônia e desfrutaria das belezas que nenhuma riqueza material pode dar. Deveria ter feito amigos e prestado mais atenção neles, porque possuir amigos é nunca estar só ou se sentir abandonado.

"O tempo passa e não tem retorno. Temos visto muitas pessoas desperdiçá-lo em magoar os outros, em se vingar, sendo que poderia estar fazendo algo de bom para si mesmo. Entenderá um dia, como José, que não vale a pena alimentar mágoas, porque o que desejamos aos outros é o que atraímos para nós."

A aula, o estudo da noite terminou. Ana achou que passou rápido e pensou: "Quero me ver livre de Gilberto, mas não pensei em ajudá-lo. Creio que tenho de mudar esse meu modo de agir, devo auxiliá-lo, não sei como, mas irei aprender. Afastando-o, resolverei o meu problema, mas o dele não; porém, se orientá-lo, ajudando-o, aí sim, solucionaremos a questão".

– Ruth, queria ler o livro que estudam. Já estou acabando de ler *O Livro dos Espíritos* e creio que terei de fazê-lo muitas vezes até que assimile o que está escrito nele. Mas esse assunto, obsessão, me fascina, quero ler para na próxima aula ter alguns conhecimentos e entendê-la melhor.

– Tenho um exemplar em casa, emprestarei à senhora.

No trabalho de desobsessão na quinta-feira, Aninha conversou com os trabalhadores desencarnados do grupo.

– Peço-lhes, se possível, para orientar pela incorporação Ernesto e Gilberto.

– Aninha, já havíamos marcado para atendê-los – respondeu um dos orientadores. – Quando dona Ana aqui veio, percebemos a necessidade de orientá-los. Logo mais os traremos.

Faltavam alguns minutos para iniciar o trabalho, alguns encarnados haviam chegado, inclusive Ruth. Os trabalhadores desencarnados da casa foram até Ernesto e o trouxeram. Ele estava junto de Gustavo; sem entender como, sentiu como se voasse e se viu no Centro Espírita, naquela sala simples com bancos, uma mesa e cadeiras. Olhou tudo assustado, e um trabalhador da equipe o acalmou:

– Senhor Ernesto, não tenha medo, aqui estamos reunidos pelo amor de Cristo para ajudar todos os necessitados. Sou desencarnado como você, o trouxemos aqui para que receba uma orientação.

– Como vim parar aqui?

– Dois amigos foram buscá-lo. Você não os viu porque com sua atitude e pensamentos vibra diferente, e eles assim preferiram para que viesse rápido. Agora nos vê porque estamos preparados para isso, para melhor ajudá-lo. Esses dois companheiros o pegaram pelo braço e o conduziram volitando até aqui. Volitar é se locomover pela força do pensamento. É como voar pelo espaço. Não se sente bem?

– Tenho medo! – Exclamou Ernesto.

– Não precisa temer, está entre amigos.

O orientador afastou-se. Ernesto viu muitas pessoas orando e se pôs a orar também. Como o exemplo é importante! Os encarnados esperavam o início em preces, levando muitos desencarnados a orar também, e tudo é facilitado com os fluidos da oração. O medo de Ernesto passou e ele ficou quieto, aguardando.

Buscaram também Gilberto, este se encontrava na chácara. Agiram do mesmo modo, pois esse processo é bastante usado. Para evitar discussões ou tentativa de agressão por parte dos socorridos, os socorristas não se fazem visíveis, pegam aquele que vieram buscar e volitam com ele, que não entende como foi de um lugar para outro tão rápido. Gilberto até tentou reagir, não conseguiu e rapidamente estava no Centro. Então viu dois senhores ao seu lado e começou a gritar, espernear, tentou agredir e foi imobilizado. Dessa forma o desencarnado se sente amarrado, não pode se mexer. Tenho visto em alguns lugares que esses rebeldes são realmente amarrados por cordas, correntes, materiais plasmados pelos trabalhadores locais*. Porém, isso não é preciso, a força de pensamento de quem sabe utilizá-la imobiliza o socorrido para que ele não tumultue o ambiente. E Gilberto foi impedido até de falar para que não xingasse, ficou apenas ouvindo e enxergando.

– Senhor Gilberto – explicou um orientador –, ficará assim até que se comporte, não queremos machucá-lo nem que nos machuque. Aqui é um lugar de orações e exigimos respeito.

* Os espíritos, quando necessário, manipulam energias e plasmam, ou seja, formam o material de que precisam com essa energia (N. E.).

Trouxemo-lo aqui na tentativa de ajudá-lo para que tenha uma vida melhor.

Gilberto ficou tenso, observou tudo e pensou:

"Estou no meio de carolas que só rezam."

O desencarnado escalado para receber orientação por um intercâmbio se aproxima de um médium, essa aproximação é de oitenta a vinte centímetros, embora varie muito, mas não há necessidade de o desencarnado se aproximar muito do encarnado. Este incorpora só as sensações e transmite os pensamentos, ele fala e o médium repete o sentido ou, às vezes, palavra por palavra.

Gilberto ficou atento. Observou Ruth que, sentada numa cadeira à mesa, repetia o que um desencarnado falava.

Foi a vez de Ernesto, que respondeu ao cumprimento do dirigente encarnado e foi sincero.

– Gostei daqui!

– Que bom! – Respondeu o orientador. – Convido-o a ficar conosco.

– Não posso! Tenho algo importante a fazer. Aqui teria sossego, aprenderia, talvez seria até feliz. Mas errei e tenho, de alguma forma, de reparar o que fiz para ser digno desse benefício. Peço-lhes, suplico que me recebam depois. Se aquele ali que quer prejudicar a quem tanto devo ficar e não fizer mais o mal, eu fico. Caso ele não fique, deixe-me ir e proteger meu benfeitor.

– Você sabe fazer isso? – Indagou o orientador.

– Pensava que sim, mas agora tenho dúvidas.

– Entendemos você. Terá nosso auxílio. Um amigo da casa o ajudará.

– Eu agradeço! Deus lhe pague!

Foi a vez de Gilberto. Aproximou-se de um senhor e, quando pôde falar, xingou. Mas o médium ficou quieto.

– Por que ele não repete? Fez com os outros!

Aí o médium repetiu e o orientador explicou:

– Se você agredir será imobilizado novamente. O médium é esclarecido, educado nas suas faculdades e não tem por que repetir suas palavras agressivas. Seja educado! Respeite o lugar em que está!

– Não vim aqui porque quis! Não quero estar neste local que me incomoda.

– Você está incomodando os outros! Desperdiça seu tempo, poderia usá-lo para o seu bem-estar.

– Não tenho nada que fazer... – Expressou Gilberto.

– Todos nós temos, não quer aprender a viver de outro modo? Conhecer lugares próprios para os desencarnados?

A conversa durou alguns minutos e Gilberto estava irredutível. Foi afastado do médium e ficou imobilizado numa parte própria.

Com uma bonita oração encerraram os trabalhos. Gilberto foi solto e voltou para a chácara.

"Tenho muito que aprender. Esses desencarnados são sabidos, gostaria de voar como eles; mas uma coisa aprendi, a falar por meio de um encarnado. E aquela Ruth é um deles. Agora ela verá o que acontece com quem se intromete nos meus planos."

Ana pegou de Ruth *O Livro dos Médiuns* e já na primeira página leu e releu o texto: "Contém o ensino especial dos Espíritos sobre a teoria de todos os gêneros de manifestações, os meios de comunicação com o mundo invisível, o desenvolvimento da mediunidade, as dificuldades e os tropeços que se podem encontrar na prática do Espiritismo".

"São livros para serem estudados, lidos muitas vezes, e eu o farei!" – Exclamou decidida.

Gilberto estava inquieto, andava pela chácara, se pôs a pensar: "Preciso achar algo para fazer já, senão serei derrotado. Mas o quê?"

Pela manhã o jardineiro, senhor Nicanor, que era realmente uma pessoa boa, honesta, trabalhadora e que gostava muito dos patrões, chegou nervoso, e Gilberto logo se aproximou. Tinha brigado com a esposa e estava aborrecido, insatisfeito, e isso bastou para que o ex-companheiro de Ana pudesse influenciá-lo.

Senhor Nicanor não era um médium* com sensibilidade suficiente para fazer intercâmbio espiritual. Todos somos médiuns; no entanto, há os que têm mais ou menos sensibilidade. Esse jardineiro vibrava bem e Gilberto não tinha nem como chegar perto dele, e quando o fazia sentia-se incomodado, às vezes repelido. Muitos pensam que são só desencarnados bons que não deixam os imprudentes e maus se aproximar dos encarnados. É a vibração do próprio encarnado que os repele.

"Brigue mesmo! – Disse Gilberto ao senhor Nicanor. – Mulher tem de apanhar para ficar obediente! Você trabalha tanto para quê? Eles não dão valor!"

Senhor Nicanor captou alguma coisa e suspirou. Sentia realmente isso, então se afinou com Gilberto, que se deliciou. Mas não lhe importavam as brigas dele, e teve uma idéia.

"Nicanor, tudo que está acontecendo é porque a Ruth vai naquele lugar horrível que mexe com o diabo e ele anda à solta

---

* Mediunidade: é a capacidade de nos comunicarmos com o mundo espiritual, seja em sonho, por meio da intuição ou de qualquer outra maneira. Todos somos médiuns, pois a influência dos espíritos se exerce sobre nós de alguma forma (N. E.).

por aqui, atrapalhando todos. É isso! Está até levando a patroa. Você tem de abrir os olhos dela! Tem! É empregado de confiança do senhor Gustavo. Dona Ana é boa e tem de ser alertada. Tudo isso é por causa do demônio!

Senhor Nicanor pensou, parou de trabalhar e concluiu:

"Tudo estava bem até dona Ana ir ao Centro Espírita. É meu dever de empregado avisá-la, a coitadinha não deve saber do perigo que corre."

Nisso Ana sentou-se à varanda. Gilberto insistiu:

"Vá lá, Nicanor, e fale com ela!"

Incentivado por Gilberto, o jardineiro foi impulsivamente conversar com sua patroa, querendo ajudá-la. Não era do temperamento dele se intrometer, mas achou que deveria alertá-la. Cumprimentou-a, tímido, e foi logo falando para não perder a coragem:

– Dona Ana, a senhora é pessoa boa, gosto muito do senhor Gustavo e me vejo na obrigação de avisá-la. Não deve ir àquele lugar, lá no tal do Centro Espírita. Os espíritas mexem com o demônio. É sim! Eles falam com o diabo! Eu... bem... desculpe-me, mas tive de falar para a senhora não ser enganada. Vou indo!

Senhor Nicanor afastou-se e se pôs a pensar:

"Se é o demônio que está fazendo eu brigar com minha esposa é porque o escutei e atendi. Vou lá em casa pedir desculpa, dizer para Maria acender uma vela para Nossa Senhora e vou trabalhar orando."

E Gilberto foi repelido.

"Que coisa difícil é mexer com pessoas boas! Que coisa!" – Resmungou ele.

Mas Ana ficou pensando no que o jardineiro lhe disse e Gilberto ficou contente. Ela foi à procura de Ruth, que estava lavando roupa, e indagou:

– Ruth, é verdade que os espíritas mexem com o diabo?

Ruth sorriu, achando graça, e respondeu:

– Dona Ana, será que precisamos mexer com o diabo? Não é ele que nos tenta? Vou explicar à senhora para que não tenha medo. Todos os espíritos rebeldes às Leis Divinas são imprudentes que seguem por algum tempo o caminho do mal. São os opositores, é certo que entre eles há alguns muito maus, que são tachados de diabo, demônio e tantos outros nomes. Existem mediunismos, pessoas com mediunidade que usam dessa faculdade para prejudicar outros ou em benefício próprio, podendo invocar esses espíritos. Mas não é nosso caso. O que a senhora viu ali? Um lugar cristão, de estudo evangélico e que só faz o bem.

Dona Ana, há religiões que também fazem esse intercâmbio, só que desencarnados bons são chamados de espírito santo; os que ainda não tiveram orientação e os maus, denominados de demônio. E muitos desses espíritos, tachados de diabos e outros nomes, basta receberem uma orientação, serem encaminhados, para deixar de praticar o mal. É isso que tentamos fazer, orientar, encaminhar espíritos que vagam, imprudentes e trevosos, e os Centros Espíritas sérios o fazem. Instruir irmãos a seguir o bom caminho é uma grande caridade.

Ana entendeu e se deu por satisfeita, mas Gilberto ficou furioso.

"Que coisa! Nada dá certo! Vou observar bem essa Ruth. Vou incorporar. Palavra estranha, dá impressão que se pode entrar no seu corpo, mas isso não acontece. Vou fazer como no Centro Espírita!"

Aproximou-se de Ruth, que o sentiu. Médium estudiosa, ela sentiu a vibração desconfortável de Gilberto e reconheceu ser um desencarnado mal-intencionado. Por isso e por outros motivos é aconselhado àqueles que têm mais sensibilidade estudar (desenvolver), aprender a lidar com essa faculdade para melhor ajudar e para defender-se. E devemos conhecer desencarnados pelos fluidos, que não são modificáveis, porque muitos desses desencarnados imprudentes sabem modificar a aparência perispiritual e podem tomar a forma, a semelhança do que quiserem. Mas as vibrações, essas não enganam. Bons transmitem tranqüilidade, bem-estar; maus, desconforto. Mas é só com a experiência que se consegue realmente distinguir.

Ruth pensou no seu protetor e esse, em instantes, estava ao seu lado. Gilberto franziu a testa e tentou explicar:

– Só queria incorporar, ela faz isso lá no Centro Espírita.

– Disse bem, meu amigo, no Centro Espírita e em horário próprio, o que não é o caso agora.

– Pensei que poderia fazer isso a qualquer hora – disse ele, dando um risinho.

O protetor desencarnado de Ruth sorriu tranqüilamente. Olhando de maneira serena, mas com autoridade, elucidou-o:

– Quando um médium faz jus a uma proteção, isto é, trabalha com sua mediunidade para o bem, tem um companheiro desencarnado que o protege. No caso de Ruth, trabalhadora assídua, me tem como protetor, amigo de trabalho, e eu não vou permitir que você a prejudique!

– Você é babá de encarnado? Belo trabalho! – Zombou Gilberto, rindo cinicamente.

– Não amigo, não sou babá, sou companheiro. E não fico o tempo todo ao lado dela. Tenho meu trabalho, mas estou ligado a ela para atender a qualquer chamado e protegê-la. Fico com ela nas situações difíceis e de perigo como amigo e colega. Faço um trabalho em que posso me ausentar e atendê-la em instantes.

Gilberto se afastou, irritado. Ruth se tranqüilizou, sentindo a presença de seu protetor, e esse trabalhador desencarnado, depois de tudo acertado, afastou-se, tinha muito que fazer.

Um desencarnado para ser protetor, guia, orientador de um encarnado, precisa se preparar para isso, e mesmo com essa preparação só protege encarnados se estes fizerem por merecer, isto é, se forem úteis trabalhando com sua mediunidade. Porém, os orientadores não ficam vinte e quatro horas à disposição, a não ser que o médium atenda muitas pessoas por dia, como o senhor João fazia, ou em ocasiões especiais de um ataque de espíritos trevosos. No caso de Ruth, médium que freqüentava um Centro Espírita para trabalhar em horário fixo, seu protetor trabalhava também em outro local, num posto de socorro, mas estava ligado a ela para atendê-la quando precisasse.

Quando o médium trabalhador se ausenta do trabalho útil, se for por motivo justo, por doença, a proteção continua. Mas se o médium se afasta sem motivo, a proteção termina, porque o desencarnado tem trabalho a fazer e não lhe é permitido proteger alguém que não faz por merecer. O desencarnado preparado para esse trabalho sabe bem como agir e não está lá para facilitar ou fazer o que é tarefa do encarnado. Só age como esse amigo de Ruth, não deixando que abusos aconteçam. Mas muitas vezes o protetor tem dificuldades porque o encarnado afina com o desencarnado mal-intencionado. Mas médiuns estudiosos, trabalhadores, só passam por esses apertos para aprender, porque é necessário se tornarem auto-suficientes para serem realmente úteis. Há também, conheço muitos, protetores não preparados que ajudam, mas, sem o conhecimento necessário, deixam de fazer muita coisa ou fazem incorretamente. Ninguém fica sem proteção, principalmente quem faz e conserva amigos. Às vezes o protetor não faz, mas um outro que ama faz, protege mais. Quem tem amigos tem mais coisas do que imagina. Também tenho visto desencarnados familiares auxiliarem muito. Nessa história, vimos Aninha ajudando, só que, espírito esclarecido, pediu permissão e ajudou com sabedoria, deixando Ana procurar auxílio para aprender, mas ficou atenta para que Gilberto não se excedesse. Os médiuns não devem por qualquer motivo pedir a intervenção do seu mentor, não incomodar tanto o desencarnado que os protege. Espíritos laboriosos têm sempre o que fazer. Gilberto ironizou chamando o protetor de Ruth de babá. Não são. Os mentores devem ser vistos e tratados como companheiros, amigos, e respeitados pelo muito que fazem.

Gilberto foi para seu canto preocupado, as coisas para ele não estavam saindo bem e resmungou:

"Malditos espíritas!"

# 9
# Ajudando Gilberto

O final de semana transcorreu tranqüilo. Gustavo chegou e Ana estava como antes. Conversaram alegres, trocaram idéias; as meninas entenderam que para ele não fez diferença saber a verdade e isso as tranqüilizou.

Na segunda-feira Ana foi com Ruth ao Centro Espírita, continuou a ler os livros de Kardec, agora com mais atenção, meditando sobre os ensinamentos.

Um orientador desencarnado do grupo passou a se encontrar com Ernesto, a conversar com ele.

– Ernesto – elucidou –, não deve ficar tão perto do senhor Gustavo, ore mais, aproveite o tempo para ler esses livros.

– Obrigado, farei direitinho o que você diz – respondeu com sinceridade o ex-empregado de Gustavo.

– Ernesto, ficarei vigiando para você; vá ao Centro Espírita, teremos hoje uma palestra interessante para desencarnados.

Ele passou a ir sempre que convidado, estava gostando de participar das reuniões, entendeu que deveria ser bom demais poder ficar com aqueles novos amigos, compreendeu que necessitava ajudar Gilberto, porque se este desistisse de se vingar, ele poderia ir embora e viver dignamente a vida desencarnada.

Centros Espíritas laboriosos não têm só atividades para encarnados, o trabalho abrange desencarnados, há socorro médico, palestras educativas, normalmente um pronto-socorro vinte e quatro horas por dia para os necessitados.

Gilberto passou a observar Ruth mais atentamente. Um dia a viu olhando as meninas brincarem no jardim, elas riam e cantavam alegres. Ele escutou seus pensamentos:

"Meu filho teria quase a idade delas, como me arrependo por ter feito aquilo!"

"Aquilo o quê? – Indagou Gilberto, olhando-a fixamente. – Vamos, pense! Quero saber! Teve um filho?"

Ruth lembrou e Gilberto escutou:

"Era tão sonhadora, amei, fiquei grávida, me desesperei e abortei..."

"Ah! Não é tão certinha assim! É "abortadeira"! Não sabe que é pecado? Errou e dá uma de santinha! Trabalha lá em nome do Senhor! Imprestável! Não é digna e dá uma de honesta!"

Ruth recebeu de forma confusa os pensamentos de Gilberto e infelizmente deu ouvidos a ele; se segurou para não chorar. Aninha observou a cena, intuiu Ana a ir até ela e, ao vê-la quieta olhando as meninas, sentiu que Ruth estava triste, angustiada, aproximou-se:

– Ruth, o que tem? Está se sentindo mal?

A interpelada não respondeu, abaixou a cabeça. Ana preocupou-se. Ruth era tão prestativa, trabalhadeira e bondosa. Descuidou-se, esqueceu que a ajudante dos serviços de casa poderia ter problemas.

– Se eu puder ajudá-la... Sentemos aqui. Não quer conversar, contar o que se passa? Está doente? Vou levá-la ao médico. Quer uns dias de folga?

Ruth sentou-se ao lado de Ana e falou baixinho. Gilberto ficou atento, Aninha também, só que ele não a viu.

– Dona Ana, estava olhando as meninas e me emocionei. Obrigada, não estou doente nem quero folga. É que me lembrei de fatos passados e fiquei triste. Sabe, poderia ter um filho ou filha para alegrar minha vida, talvez estivesse brincando agora com as meninas, seria da mesma idade.

– Você teve um filho? – Perguntou Ana.

– Não o tive, não o deixei nascer, matei-o! – Ruth respondeu segurando o choro. Quietaram-se por instantes.

– Abortou? Conte-me, Ruth. Fará bem a você falar.

– Não menti quando falei de mim. Me dava bem com minha ex-patroa, ela tinha um filho casado que vinha sempre visitá-la. Amei-o! Ele percebeu e começou a me dar mais atenção e nos tornamos amantes. Porém, deixou claro que não ia abandonar a esposa. Creio que ele nunca me amou. Fiquei grávida, me apavorei, ele disse que até me ajudava financeiramente, mas deveria jurar que não falaria a ninguém que o filho era dele. Sabendo de uma mulher que fazia aborto, fiz. Me arrependi muito. Dona Eugênia, minha patroa, não ia me desamparar; eu passaria por dificuldades, mas quem não passa? Se tivesse agora ele ou ela comigo, teria alguém meu para me preocupar, amparar, uma pessoa a me chamar de mãe, que me daria um beijo carinhoso. Arrependo-me tanto! Cometi um erro grave e pago por ele. Um filho é uma bênção e seria minha alegria...

– Você ainda é jovem, Ruth, poderá ter outros filhos... – Falou Ana, animando-a.

– Não teria um filho só por ter e, além disso, não posso mais tê-los. Dona Ana, o aborto foi malfeito, ficaram seqüelas e eu não posso mais ser mãe... Se vier a encontrar alguém, falarei a ele do meu problema.

Gilberto ironizou:

"Então a santinha do pau oco abortou! E fica aí dando lições de moral! Hipócrita!"

Ruth começou a chorar.

– Dona Ana, acho que não vou mais trabalhar no Centro Espírita. Sou indigna! Não presto para nada. No Espiritismo é ensinado que não devemos praticar aborto. Impedi um espírito de reencarnar. Já pedi muitas vezes perdão a Deus e a esse espírito.

– Ruth, você sabe que moro aqui com Gustavo sem ser casada e que também não o fui com o pai das meninas. Creio que é difícil encontrar alguém que não tenha errado. Compreendo você, deve ter passado por um período difícil e se desesperou.

Escutaram bater palmas.

– Posso entrar? Ó de casa!

– É o senhor João – disse Ruth se levantando.

Ele aproximou-se, cumprimentou as duas. Ana o convidou:

– Entre, senhor João, sente-se conosco um pouquinho. Que agradável surpresa!

– Fui fazer uma visita aqui perto e me deu uma vontade de passar aqui...

– Pelo pouco que sei, acho que não foi por acaso. Ruth estava me dizendo que acha que não vai mais trabalhar no Centro Espírita porque se acha indigna e eu estou pensando que também sou.

– O Espiritismo não quer pessoas perfeitas, mas sim as que têm vontade de melhorar. Também me acho imperfeito, e se remoemos os erros do passado podemos nos achar indignos de trabalhar no bem. Mas não devemos nos esquecer da misericórdia, da bondade de Deus, que nos dá oportunidade de corrigir nossos erros, trocar vícios por virtudes, progredir, e para isso temos o próximo para ajudar, porque auxiliando é que temos a grande oportunidade de aprender. Lembro a vocês que Jesus não condenou a mulher adúltera, só pediu a ela para que não voltasse a pecar. Madalena, a mulher pecadora narrada no *Evangelho*, tornou-se discípula de Jesus e amou muito pelo muito que errou. Temos muitos exemplos, basta ler os *Evangelhos*. Sábios, prudentes são aqueles que reparam seus erros com trabalho edificante. Não devemos nos julgar piores pelos erros do passado, e que esses sejam lições para não errarmos mais e acertar no presente. Você, Ruth, é uma boa colaboradora. Acha-se indigna? Não creio, não a julgo. Pense, se errou, muito tem de amar, o amor anula erros. E a senhora, dona Ana, será sempre bem-vinda à nossa casa, não se prive de aprender.

– Obrigada, senhor João – expressou Ruth, emocionada. – O senhor tem razão, não sei por que tive esses pensamentos. Vou lhe fazer um cafezinho.

O visitante ficou mais alguns minutos conversando e foi embora.

– Que homem bondoso! – Exclamou Ana.

– É sim, senhora, muito bondoso – concordou Ruth. – E ele tem razão, não vou me achar mais indigna e não vou perder a oportunidade de continuar a ir ao Centro Espírita para trabalhar e aprender. Só que agora o farei com mais amor e não vou julgar as pessoas que erraram ou erram, porque a vida, às vezes, nos coloca no lugar da mulher que ia ser apedrejada; outras, com pedras na mão, e aí não devemos esquecer que já estivemos errados e jogá-las no chão. Não devemos participar do erro, mas querer bem a pessoa errada e tentar entendê-la. Obrigada, dona Ana, por ter me escutado. Pago caro por meu erro, se tivesse deixado meu filho nascer, seria uma criança adorável, eu teria alguém para amar, por companhia...

– Mãe! Mãeê! – Gritou Lívia, e Ruth disse baixinho:

– A me chamar de mãe...

Ana abraçou Lívia, que tinha apanhado uma linda goiaba e veio lhe trazer. Pensou: "Às vezes recusamos presentes. Quer tesouro maior aqui na Terra, quando estamos encarnados, do que filhos?"

Gilberto ficou furioso:

"Nada que faço dá certo! Que coisa! Esses espíritas parece que têm saída para tudo."

Ernesto veio visitá-lo.

– Oi, Gilberto! Como está passando?

– Não acredito! Você perguntando como tenho passado? Que faz aqui? Deixou-o sozinho? Desistiu de ser cão de guarda?

– Não – respondeu Ernesto, tranqüilo –, continuo vigiando o senhor Gustavo, só vim aqui para ver você. Está tão sozinho! Gilberto, tenho pensado muito no que aqueles senhores espíritas nos disseram. Morremos, estamos vivos e continuamos errados.

– É fácil, Ernesto, vá lá e peça abrigo. Esses bonzinhos sempre acodem os pedintes.

– Você não quer vir também? – Indagou Ernesto, esperançoso.

– Não! – Respondeu Gilberto, mal-humorado.

– Então não vou!

– Seria bom demais se você fosse! Ultimamente só me acontecem coisas ruins, por instantes pensei que você ia abandonar o posto e deixar o campo livre para mim – falou Gilberto.

– Impedindo-o de se vingar faço bem a você – afirmou Ernesto.

– A mim?! Incrível! – Disse Gilberto, rindo.

– Impeço-o de fazer o mal porque, meu caro, pagamos sempre pelo mal que fazemos.

– Você, Ernesto, está estranho. Mesmo não tendo com quem conversar não quero continuar papeando com você.

Saiu. Ernesto resolveu conquistar a amizade de Gilberto. Só que não deixaria o senhor Gustavo à mercê dele, isso não!

Gilberto ficava muito num canto da chácara e Zek, o cachorro, não se aproximava dele. Existem animais que percebem a presença de desencarnados, sem, entretanto, entender o que seja. É algo diferente do habitual. Gilberto não gostava do cão, este tinha receio dele. Não era agradável ao cãozinho sua aproximação. E Zek estava atento, querendo a companhia de Ana e das meninas.

Na aula de quarta-feira, Ana compareceu entusiasmada. Cláudia leu um texto continuando o estudo do capítulo 23 de *O Livro dos Médiuns*, chamado "Da obsessão". Após, começaram a comentar sobre o assunto. Eva exclamou, triste:

– Devo ser muito ruim para ter sido obsediada!

– Não, dona Eva – explicou senhor João –, todos nós temos defeitos a serem substituídos por virtudes. Somos ainda muito necessitados de aprender, melhorar, temos ainda falhas. Não é preciso ser mau para ser perturbado pelos desencarnados que nos querem prejudicar. E nem devemos achar que todos os desencarnados que obsediam são também maus. Certo que há os maus, mas muitos são como nós, escravos das ilusões materiais, orgulhosos para não perdoar, ou os que ainda não conseguiram compreender o que seja viver sendo útil no outro plano. Anos participando deste trabalho de orientação, compreendo que não se muda com a morte do corpo físico: encarnado imprudente, desencarnado perturbado. Recomenda-se muito melhorar nossas vibrações com atitudes boas, viver dignamente, ter bons pensamentos, vigiar as palavras, orar; agindo assim, perturbadores do além não nos atingem. Quando tentamos fazer isso, estamos agindo certo, aprenderemos para sermos um dia bons, mas no caminho se pode tropeçar, isto é natural, só tropeça aquele que caminha. O importante, mesmo que o tropeço resulte num tombo, é levantar e caminhar. As dificuldades diárias nos fazem baixar a vibração, são preocupações com finanças, problemas de doenças conosco ou na família, tristeza, etc. Para manter uma boa vibração vinte e quatro horas por dia é necessário treino, perseverança, muito esforço, mas se muitos conseguem, todos nós podemos. Não se menospreze, dona Eva, deve ficar atenta aos tropeções e se recompor o mais depressa possível. Passamos aqui na Terra por um período de transformação e toda mudança nos parece complicada e difícil. Penso que nós, encarnados, estamos num mar de vibrações heterogêneas, que são como ondas a nos atingir. Afinamos com algumas ondas, mas isso não impede de recebermos as chicotadas de outras. E às vezes não nos damos conta de que saímos de uma para entrar em outra.

– Isso me deu um alívio, senhor João. Vou prestar mais atenção, me policiar para ficar numa boa onda – disse dona Eva, e todos sorriram.

Ana queria entender o que aconteceu com ela, temia perguntar e sua questão ser primária, mas arriscou:

– Senhor João, nunca tinha visto almas penadas, digo, desencarnados, nunca os escutei, até que um dia também fui perturbada por um deles, cheguei a vê-lo, ouvi-lo. Tenho mediunidade em potencial para trabalhar com ela ou foi só um período? Desde que comecei a freqüentar aqui não senti mais nada.

– Todos nós temos sensibilidade, que pode aumentar diante de alguns fatos. Creio, dona Ana, que a senhora não tem mediunidade em potencial para trabalhar como médium. Tenho presenciado muito esse fato. Por razões diversas muitas pessoas, por determinado tempo, ficam mais sensíveis, podendo ver, ouvir espíritos e depois voltam ao normal. Isso ocorre muito em casos de vingança, quando o desencarnado se vale de sua vontade para que o encarnado possa senti-lo. Também sei de espíritos que fazem as pessoas recordarem partes de outras existências para perturbar. Há certos locais de energias muito concentradas, que podem fazer a sensibilidade aumentar e pessoas que nunca tiveram nenhuma percepção do plano espiritual chegarem a ver ou ouvir algo.

– Senhor João, eu sou médium. Sou pior que os outros ou melhor? – Perguntou o senhor Custódio.

– Nem uma coisa nem outra! – Respondeu o interpelado. – Não acho certo muitos dizerem que são médiuns porque são piores, porque muito erraram. Errar todos nós, que estamos encarnados na Terra, exceto alguns, já o fizeram e continuam fazendo, uns mais, outros menos. Mediunidade é um fator orgânico, inerente a todos nós e que se pode usar para o bem ou para o mal, conforme nosso livre-arbítrio. Há pessoas que se preparam na erraticidade, que é o período em que se vive no plano espiritual, para se dedicar ao trabalho do bem; achando que aprenderão muito tendo mediunidade, pedem para tê-la; outras acham que repararão erros. Infelizmente esquecem isso no plano físico e algumas repelem essa faculdade, que pode ser branda ou mais acentuada. Vaidosos são os médiuns que pensam ser melhores que os outros. Somos todos convidados a crescer espiritualmente e prudentes são aqueles, médiuns ou não, que participam dessa oportunidade. Sou médium e trabalho há quarenta anos com minha faculdade, já lutei com a vaidade, e não pensem que a venci; tenho estado sempre atento para que ela não surja forte e a tenho sob vigilância, mas também passei períodos em que me julguei inferior, e isso não me fez bem. Concluí que sou como todos, nem pior, nem melhor. Sou o João, um homem que tenta ser decente, trabalhador, honesto, como também aproveito para aprender, ser útil, e agradeço a Deus a oportunidade e a mediunidade, reparo erros e mais, aprendo muito. Sou feliz por ser médium, amo essa faculdade e quero aproveitar esta encarnação para dar largos passos e, quanto mais caminho, mais me sinto agradecido e nem pior nem melhor.

A aula foi muito proveitosa.

Gustavo, naquele final de semana, pegou, curioso, *O Livro dos Espíritos* e começou a folheá-lo, depois a ler atentamente.

– Ana, posso levar este livro para ler? Estou achando interessante. Aqui fala de Deus como penso que seja o Pai Celeste.

– Não é meu, Gustavo, peguei-o emprestado na biblioteca do Centro Espírita, mas tenho ainda uma semana para devolvê-lo. Leve-o! Gustavo, estou só começando a ler os livros espíritas e creio que você é espírita e ainda não sabe.

– Como? – Riu ele.

– Você tem atitudes espíritas.

– Cristãs? – Indagou Gustavo.

– Sim – respondeu Ana –, o espírita, antes de tudo, é cristão.

No outro final de semana, Gustavo chegou e deu um pacote para Ana.

– Querida, gostei muito desse livro de Allan Kardec e comprei os outros que encontrei numa livraria e também alguns de mensagens, romances, todos espíritas.

Ana agradeceu, comovida.

Na segunda-feira as meninas foram ao Centro Espírita com ela e Ruth. Vanessa se entusiasmou:

– Mamãe, gostei muito, posso voltar? Posso ir aos domingos na reunião de jovens e crianças?

– Pode!

– Eu também quero ir! – Expressou Lívia.

– Mamãe, tenho pensado no papai, ele ainda não desistiu de se vingar, não é? Está perdendo um tempo precioso tentando nos prejudicar – suspirou Vanessa.

– Escutei do senhor João uma historinha interessante.

Contou a elas a história do homem que perdeu tempo prejudicando seus inimigos e nada fez para si.

– Papai está agindo assim! – Exclamou Vanessa. Que pena! Vou pensar num modo de ajudá-lo!

– Eu não quero saber dele! – Expressou Lívia. – Quero-o longe de nós. Nada tenho de agradável para lembrar dele. Não lhe tenho rancor nem lhe desejo mal. Quero-o longe!

Naquela noite, Vanessa orou com fé, pediu a Deus, a Jesus, se tivesse com ela, para ajudar o pai, que a orientasse para que pudesse fazê-lo.

"Entre nós ele é o maior necessitado! Como seria bom encaminhá-lo, despertá-lo para o bem!"

Adormeceu. Aninha ajudou-a, mas não se tornou visível. Vanessa desprendeu-se do corpo, saiu em perispírito, ficando presa ao corpo físico por um cordão também invisível, caminhou tranqüilamente e foi à varanda, onde Gilberto estava aborrecido.

– Papai!

– Vanessa!

Ela aproximou-se dele e sentou-se ao seu lado.

– Como está o senhor? – Indagou.

– Não estou nada bem. Abandonado e triste! Minhas filhas e minha mulher preferem esse assassino – lamentou Gilberto.

– Papai, amo o senhor. Sou sua filha! Não prefiro ninguém. Ana encontrou o senhor Gustavo e os dois se amam. Ele a trata bem. Lívia e eu temos somente mamãe Ana e ela nos ama como verdadeira mãe, o senhor Gustavo é bom – Vanessa falou meigamente.

– Estou cansado de ouvir: "O senhor Gustavo é bom, é isto e aquilo", e eu não! – Exclamou Gilberto, sentido.

– Papai, a vida é bonita e podemos aproveitá-la para aprender, para orar. Não está cansado de não fazer nada?

– Nunca gostei muito de trabalhar, fazia quando encarnado porque não tinha outro jeito. Mas essa vidinha aqui na chácara tem me cansado. Mas não tenho para onde ir...

Vanessa olhou-o nos olhos, continuou a falar com meiguice:

– Papai, queria vê-lo feliz e acho que só o será quando tiver paz e deixar os outros em paz.

– Acha que não devo atormentar o assassino?

– Papai, tente entender o que houve de fato. Não julgo ninguém, porém acho que o senhor Gustavo não é assassino. Por que tenta enganar a si mesmo? Coloca a culpa de sua imprudência no outro. Foi uma fatalidade!

– Vanessa, sinto que é sincera. Por que me ama?

– O senhor é meu pai!

– Isso é um fato – disse Gilberto.

– Amo-o porque, lá no fundo, o senhor é bom!

– Nunca lhe fiz um agrado...

– Pode fazer agora – pediu Vanessa.

– Não tem medo? Posso abraçá-la?

Ela o abraçou e ele chorou emocionado.

– Filha! Filhinha! Você me ama de verdade?

– Amo-o e quero que fique bem. Que seja feliz!

– Você ficará alegre sabendo que eu estou bem? – Indagou Gilberto.

– Sim, ficarei! É isso que quero! – Afirmou a menina com convicção.

– Sei... Devo ficar alegre sabendo que vocês estão bem... Sei...

Vanessa o beijou na testa e afastou-se. Aninha sorriu. Ela a instruiu bem. A menina acordou sentindo-se leve e tranqüila, passou a orar muito para o pai. Ana também passou a fazê-lo e Gilberto inquietou-se, já não tinha mais certeza se queria se vingar e não sabia o que fazer. Pegara o livro que Aninha lhe deu, leu alguns trechos, às vezes orava com Vanessa e concluiu: "Se nunca ajudei minhas filhas, devo fazer agora, deixando-as com Ana na chácara. Elas estão bem como o senhor Gustavo, que, pensando bem, não é assassino!"

Na quinta-feira ficou atento e pensativo: "O pessoal do Centro Espírita não veio mais me buscar! Será que devo ir lá?"

Quando o início do trabalho estava próximo, ele se pôs a andar na rua entre a chácara e o Centro sem saber se ia ou não.

– Boa noite, senhor Gilberto! Convido-o a entrar! – Disse um trabalhador do Centro a ele, que só esperava por isso, mas respondeu:

– Posso ir, mas saio quando quiser!

Recebeu orientação novamente, mas dessa vez estava receptivo, ouviu com atenção e teve vontade de ir com eles para longe dali.

Ninguém muda de repente. Com a desencarnação a pessoa não se transforma de imediato. Vanessa contribuiu com sua atitude amorosa para a mudança dele. Gilberto tinha muito o que aprender para realmente melhorar. Foi levado para um posto de socorro, onde iria ter lições numa escola própria de Evangelho e moral, como também teria um trabalho, uma tarefa. Para muitos o trabalho é distração, mas muito benéfico. Quando trabalhamos deixamos a ociosidade, que é o berço de muitos vícios. O trabalhador não tem tempo a perder e quando fazemos o bem aos outros pelo trabalho é dignificante.

Ruth, no outro dia, contou a Ana e às meninas o que aconteceu na reunião, que Gilberto fora socorrido.

– Graças a Deus! – Exclamou Ana. – Gilberto agora deixará de sofrer.

– Que bom para nós, nos deixará em paz! – Exclamou Lívia.

– Que bom para ele! – Alegrou-se Vanessa. – Não perderá mais tempo querendo nos prejudicar. Vou orar para que ele fique onde foi levado. Transmitirei a ele por pensamentos mensagens de amor, de otimismo. Papai será feliz!

Assim o fez. Ana também passou a orar por ele desejando que estivesse bem.

E Gilberto recebia as boas vibrações enviadas por elas. Às vezes sentia falta das farras, da ociosidade ou mesmo desejo de prejudicar Gustavo. Mas recebia...

"Papai, estou orgulhosa do senhor! Cuide-se! Aproveite para aprender, conhecer os lugares bonitos que tem aí. Faça amigos! Amo o senhor! Estou alegre sabendo que está bem! Fique aí, aceite o que os orientadores estão a oferecer..."

"Gilberto – Ana dizia a ele em oração –, mude para melhor, quero-o bem, vejo-o entre pessoas boas que o respeitam, que o orientam. Trabalhe e sinta a tranqüilidade do lugar, não desanime..."

Ele recebia a visita de Aninha, que o incentivava:

– Gilberto, você se acostumará logo aqui, seja útil, é tão bom ser auto-suficiente. Você pode, você deve, se esforce e será.

– Lívia se esqueceu de mim – queixava-se ele. – Não recebo nada dela. Mas a compreendo, só queria que me perdoasse e me aceitasse...

– A vida nos oferece essas oportunidades... – Aninha o animava.

Ela o levou algumas vezes para ver os meninos. Rodrigo e Marcelo estavam felizes no educandário de uma colônia. Aninha explicou a Gilberto:

– Eles logo irão reencarnar na cidade onde residiram, serão crianças saudáveis em lares honestos.

– Eles merecem bons pais, o que não fui para eles – falou Gilberto, sentido.

Na época, Aninha foi por um intercâmbio avisar Ana, que no momento ficou sentida, eles teriam outros pais, outra mãe... Mas entendeu que a vida continua e o amor deve ser ampliado; uma vez amado, sempre amado. E afetos se reencontram...

Ana, na primeira oportunidade, na aula de quarta-feira, agradeceu:

– Aqui vim desesperada em busca de auxílio porque estava sendo perturbada por um desencarnado. Fomos orientados e ajudados. Queria agradecê-los e continuar a freqüentar as reuniões, gosto muito daqui, de todos, quero aprender!

– Até que foi fácil – disse Eva. – Seu ex-companheiro acabou entendendo, há casos muito mais difíceis. Muitos desencarnados se unem a outros maus para se vingar.

– É! – Exclamou Ana, curiosa.

O senhor João elucidou:

– Muitos desencarnados, querendo se vingar, se unem a outros. No Umbral há grupos de vingadores, há até locais denominados escolas para ensinar imprudentes a se vingar. Estes, na ânsia de prejudicar, se envolvem em situações e às vezes se tornam até escravos do grupo, têm de obedecer sob pena de serem castigados, e não se livra fácil deles. No Umbral não se faz favor sem trocas.

– Ainda bem que Gilberto não se uniu a esses desencarnados – expressou Ana. – Mas se tivesse, o que aconteceria?

– Teríamos mais trabalho! – Falou calmamente o senhor João. – Já nos defrontamos muitas vezes com desencarnados vingadores que se julgam justiceiros e orientamos a muitos. Outros, não querendo confronto conosco, desistem. Muitos perseverantes perseguem, implacáveis, e só conseguimos resultado com força moral, paciência, e durante o período em que tentamos orientá-los recebemos as vibrações contrárias. Como Emanuel diz: "Não se socorre o náufrago sem receber chicotadas das ondas". Quando se consegue ajudá-los, uma alegria imensa nos invade. É orientando a outros, encarnados e desencarnados, que solidamos o que aprendemos.

– Senhor João, Alaíde não quer mais freqüentar nosso Centro Espírita. Disse que não concorda com alguns espíritas. Acho que ficou desgostosa por aquele desentendimento sobre assistência social. É pena! – Falou Isabel.

– Quando nos reunimos para fazer algo, devemos entender que somos diferentes e que pode, no grupo, haver opiniões diversas. E para vivermos bem com outro é preciso ser tolerante para ser tolerado, compreender para ser compreendido. E deixar de freqüentar um local como uma instituição religiosa por isso, quase sempre é desculpa para si mesmo, que não é levada em conta na espiritualidade. Para viver bem na sociedade temos de aprender a ceder, entender e não nos melindrar. Não houve intenção de ofender e quem se ofende fácil é orgulhoso. Depois, uma instituição como a nossa não pertence a ninguém, é de todos. Tudo passa e o ensinamento religioso permanece.

As aulas eram muito interessantes, Ana gostava muito e tornou-se espírita convicta; passou, com afinco, a estudar a Doutrina.

# 10
# Minha Querida

Gustavo foi ficando cada vez mais na chácara. Os filhos, Paulo Sérgio e Áurea, casaram e trabalhavam na fábrica maior. Lívia e Vanessa cresciam, já estavam mocinhas, continuavam estudando e não davam preocupações. Ana se orgulhava delas.

Um dia, Gustavo disse a Ana:

– Querida, vou morar aqui definitivamente. Nem para manter as aparências fico com Lorena. Conversei com ela, acabamos discutindo.

– Ela deve me odiar – expressou Ana.

– Lorena odeia muitos. Não menti a você, minha querida, estamos separados há tempo, não vamos legalizar, um desquite não resolveria. Mas temos de repartir nossos bens. Vou deixar tudo que temos na outra cidade para ela, Paulo Sérgio e Áurea. O que tenho aqui ficará para Júnior, que deverá vir trabalhar comigo.

– Júnior não será prejudicado? – Indagou Ana.

– Meu caçula é parecido comigo, não só fisicamente como também no gênio, modo de agir e pensar. Vou reuni-los e comunicar a eles. A parte de Lorena ficará para os dois filhos mais velhos e a parte aqui, que me toca, para Júnior. Conversarei com ele, entenderá. Paulo Sérgio já trabalha comigo há tempo, Áurea está indecisa, mas está na hora de ela assumir o trabalho. Lorena me recrimina por estar com você e diz que se sente envergonhada pelos comentários. Não quero humilhá-la. Separar legalmente sairia caro e me impediria de fazer o que quero. Abrirei mão de muito, ficarei nessa divisão com bem menos. Mas não me importo. Para todos seremos separados e minha mulher é você.

– Seus filhos não devem gostar de mim – expressou Ana.

– Os dois mais velhos são muito parecidos com a mãe, acham que você é interesseira. Júnior gostará de você quando conhecê-la. Ele virá para cá. Aprenderá comigo e terá essa fábrica só para ele. Um dia me agradecerá, herdará menos em dinheiro, mas terá a tranqüilidade de não ter sócios. Certamente que terei de acudi-los muitas vezes, farei com prazer, eles sabem disso. Tenho algum dinheiro guardado, comprarei uma casa boa para cada uma das meninas, vou passar esta chácara para o seu nome e mais duas casas. Não quero deixá-la desamparada se eu vier a desencarnar primeiro.

– Você disse desencarnar, Gustavo – riu Ana.

– Acho o termo certo. Vou começar a ir ao Centro Espírita com você.

– Gustavo, não quero nada seu, já me deu tanto!

– Já decidi, Ana, é o que vou fazer.

– Gustavo, não quero nada no meu nome, não sou mãe das meninas. Se desencarnar elas poderão herdar o que é meu?

– Já pensei nisso. Porei no nome delas com usufruto seu. É seu até que venha a falecer.

– Se eu desencarnar primeiro, ficará sem esta chácara de que tanto gosta – falou Ana.

– Não quero ser cativo de lugar, terei um dia de deixar esta chácara. Lembranças guardo no coração. Aqui tive paz, ou será que foi você, querida, que me deu essa paz? – Falou ele, rindo.

Quando Gustavo foi à reunião, Ana ficou orando para que tudo desse certo. Ele voltou abatido.

– Foi difícil, Ana. Discutimos por horas. Fiquei só com uma parte dessa fábrica, tendo Júnior por sócio. Meus filhos são egoístas. Me doeu quando a reunião terminou, Júnior chegou perto de mim e perguntou: "Papai, por que me prejudicou?" Respondi: "Amo você, filho, compreenderá mais tarde que eu o estou protegendo. Nem tudo na vida é dinheiro. Não ouviu aqui tantas reclamações? Livro-o disso!" Ele me olhou e se afastou sem falar mais nada. Roguei a Deus para que ele me entenda. Júnior virá para cá, não quer vir para a chácara, ficará no hotel, comprarei para ele uma casa grande, logo casará, morará nesta cidade. Vou me empenhar para que essa fábrica cresça e prospere.

– Ele irá entender, não se preocupe – disse Ana, animando-o.

– Lorena, Paulo Sérgio e Áurea acabarão por se entender. Júnior iria sofrer junto deles, seria prejudicado; comigo não. Ana, estou livre até das aparências, agora estou realmente separado. Pena que não posso casar com você.

– Isso não me importa! – Expressou ela.

– Somos companheiros, Ana, casados por afeto.

Júnior veio para a cidade, ficou hospedado no hotel, viajava nos finais de semana para ver a noiva. Um dia, após o trabalho, veio para a chácara com o pai; os dois chegaram conversando, animados. Ana foi recebê-los; timidamente sorriu para ele, que observava a casa.

– O senhor mora aqui?!

– Sim e gosto. O que esperava, um luxo frio como a outra casa? – Respondeu Gustavo.

– Não, é que... – Balbuciou Júnior.

– Meu filho – apresentou Gustavo –, esta é minha companheira, a mulher que compartilha comigo esta casa.

– Boa noite!

Júnior a observava e Ana ficou vermelha.

– O jantar está pronto. Janta conosco, Júnior?

– Se não for incômodo...

Ficou para o jantar, conheceu as meninas e acabou ficando à vontade. Júnior pensava que a mulher que morava com o pai fosse ambiciosa, estranhou a casa simples e ela também. Percebeu que os dois se entendiam e que ela fazia seu genitor feliz. Passou a freqüentar a chácara e logo se tornou amigo delas. Convidou-as para seu casamento, mas Ana preferiu não ir, não queria ser motivo de comentários ou desagrado para Lorena.

Luciana, a esposa de Júnior, era uma moça muito bonita, simpática. Tornou-se amiga de Ana e das garotas e vinham almoçar todos os domingos na chácara. Moravam numa casa grande, bonita. Júnior começou a se interessar pelo trabalho, preparando-se para administrar a fábrica.

Muitas vezes Gustavo tinha de ir até os outros filhos resolver problemas e atritos. Paulo Sérgio se queixava do desinteresse de Áurea, que por sua vez reclamava do irmão, que queria que ela trabalhasse, e ambos criticavam a mãe, que gastava demais. E as dificuldades maiores da fábrica era Gustavo quem resolvia.

Reuniram-se na chácara para um almoço num domingo chuvoso em que Gustavo voltara na véspera, fora tentar resolver mais uma briga. Ele se queixou:

– Júnior, sua mãe quer ir novamente à Europa. Paulo Sérgio não quer lhe dar dinheiro. Estamos atravessando um período em que precisamos ter cautela com gastos. Lorena não quer saber, quer viajar.

– O que fez o senhor? – Indagou Júnior.

– Fiz um novo contrato e depois de os três assinarem, o registrei. Agora só pode haver retirada da fábrica duas vezes por ano e uma quantia certa e igual para os três. E quem trabalha tem um ordenado, isso obrigará Áurea a produzir. Sua mãe me xingou, disse que venderia bens, e quando falei a ela que não podia, ela quase me agrediu com socos. Paulo Sérgio teve de interferir. Prevendo isso, porque Lorena sempre gastou muito, registrei tudo e fiz bem feito. Nem eu, nem ela podemos vender nada; na verdade, não somos mais donos, é tudo de vocês. Lorena não irá mais viajar e para cortar despesas se mudará para um apartamento, deixando a casa para Paulo Sérgio morar com a família.

– Agiu certo, senhor Gustavo – disse Luciana. – Conhecendo seus filhos, Júnior iria sofrer muito com toda essa confusão. Paulo

Sérgio é ambicioso, ninguém lhe tirará a presidência e se, ele puder, ficará com tudo. Desculpe-me, são seus filhos. Agradeço ao senhor pelo que fez, aqui estamos bem!

– Luciana sempre me advertiu sobre isso e parece que vocês dois tinham razão – falou Júnior.

Gustavo olhou com carinho para o filho e comentou:

– Paulo Sérgio e Áurea começam a entender que não fui o maior culpado de o casamento com sua mãe não ter dado certo. Agora estão sentindo mais os devaneios dela.

– É que agora isso lhes dói no bolso – disse Luciana. Espero que eles se entendam e que o senhor não precise interferir tanto.

Iria haver uma festa na fábrica pelos seus trinta anos de existência, que seriam comemorados com muita alegria. Gustavo e Júnior prepararam tudo. A festa começaria à tarde e todos os familiares dos empregados foram convidados.

– Ana – disse Gustavo –, você irá comigo, quero que faça um lindo vestido para você e para as meninas.

O dia esperado chegou e Ana se arrumou toda.

– Está linda, querida! – Exclamou ele.

A festa foi num galpão, havia mesas espalhadas por todo o local, que estava enfeitado de bandeirinhas; havia comida e bebida à vontade. A criançada gritava contente, todos estavam alegres. Gustavo conduziu Ana pelo braço até uma mesa à frente, sentaram-se lado a lado. Contente, ele cumprimentava os convidados, ela se sentia protegida ao lado dele e sorria para todos.

No meio da festa, um funcionário pediu silêncio e todos quietaram. Fez um breve discurso do porquê da festa, a importância da fábrica na vida de todos e finalizou:

– Senhor Gustavo, nosso presidente, poderia nos alegrar com alguns dizeres.

Isso não estava no programa. Gustavo levantou sorrindo e falou:

– Não sou de discursar; porém, se meu caro funcionário me passou a palavra, não devo perder a oportunidade de dizer que hoje estou muito contente por estar realizando um sonho: desta fábrica ser ativa e produtiva. O trabalho dignifica o homem, trabalhamos aqui juntos, somos companheiros que temos por objetivo ser úteis e melhorar cada vez mais. Um lugar de trabalho honesto é abençoado por Deus e a Ele rogo proteção a todos nós. Vamos brindar! A nossa fábrica, a nossa união, a amizade! E creio que cada um tem algo particular para dedicar este brinde. Peço licença a vocês para fazer em voz alta o meu. – Com o copo na mão, virou-se para Ana. – À minha companheira, a pessoa que me tem dado alegria, apoio e carinho, à Ana, minha mulher...

Ana levantou-se sem saber o que fazer, pegou seu copo, cruzaram os braços, ela tremia, emocionada, e ele disse baixinho, antes de colocar o copo nos lábios.

– Eu a amo...

Palmas e todos brindaram. A festa continuou animada. Ana falou a ele:

– Gustavo, você me emocionou, eu agradeço.

– Por que você me agradece? É verdade, minha querida, você me fez sentir vontade de viver.

Ela pensou, comovida: "Gustavo é tão bom, talvez eu não o mereça, nunca pensei que ele fizesse isso na frente de todos. Como não ser agradecida? – Olhou para ele, sorriu feliz. – Creio que devo continuar agindo como sempre, é disso que ele gosta em mim".

As meninas, que agora eram mocinhas, estavam radiantes. Vanessa chegou a chorar com a homenagem. E a festa foi um sucesso.

No outro dia, Lívia e Vanessa comentaram com a mãe sobre os acontecimentos. A mais velha falou toda contente:

– Mamãe, sabe o que ouvi? Que o senhor Gustavo, antes de conhecer a senhora, teve algumas amantes, saía com mulheres e que depois ninguém nem o viu olhar para outra.

– Também já ouvi comentários assim – afirmou Vanessa. – Estou tão feliz! Bendito dia em que o senhor Gustavo nos viu.

– Sim – exclamou a mãe –, bendito dia!

Ana se pôs a pensar: "Ontem quase disse a ele que também o amo. Por que não consigo? Sinto que, se eu me declarar, ele irá embora. Esquisito! Tenho medo de falar, um receio estranho, como se ao dizer, o perderei".

Gustavo e Ana pouco saíam, ela o esperava chegar em casa, sempre tranqüila, risonha, tentava adivinhar o que o companheiro queria e fazia tudo para agradá-lo, e ele correspondia, era caseiro, educado. Quando saíam tinha a satisfação de agradá-la mais ainda perto dos outros e se a apresentava a alguém era como esposa.

Ana pensava sempre nos irmãos, nos amigos da cidade onde nasceu, tinha saudade. Comentou isso com Gustavo.

– Ana, se você sabe o endereço de seus irmãos, por que não escreve para eles?

Ela o fez e recebeu resposta. Carlos, seu irmão, respondeu que ficaram felizes por saber que ela se encontrava bem, que também tinham saudade, mas lastimava que a vida estava difícil para todos, dinheiro pouco, etc.

Ela leu e releu a carta muitas vezes. Comentou com Gustavo:

– Acho que eles estão em dificuldades financeiras. Tenho dinheiro guardado, o que você sempre me deu. Queria ir lá vê-los e, se possível, ajudá-los.

– Ana, eles não quiseram saber de você quando precisou. – Gustavo falara sem pensar. Ao se dar conta, sorriu: – Tem razão, minha querida, devemos ir lá.

– Você iria comigo? Já viaja tanto...

– Vou com você – decidiu Gustavo. – Me organizarei para tirar uns dias de folga, se as meninas quiserem, poderão ir conosco. Vamos de carro.

– Gustavo, tive duas amigas que quero visitar e ajudar, como também pagar algumas dívidas que Gilberto fez.

– Muito justo. Se seu dinheiro não der, lhe darei mais.

– Obrigada, Gustavo!

As meninas não quiseram ir.

– Não quero perder aulas – disse Lívia. – Além disso, não tenho ninguém para rever. E ainda tenho medo de minha tia. Será que ela pode nos tirar da senhora?

– Nunca! – Exclamou Ana. – Ela que tente!

– Mamãe, também não quero ir – expressou Vanessa. – A senhora tem os irmãos, sobrinhos, eu não, nem me lembro das amigas.

No dia marcado os dois partiram em viagem. Foi cansativo, ficava em outro estado, era distante e foram parando para descansar. Ana estava ansiosa. Quando chegaram, se pôs a observar tudo. A cidade estava diferente. Comentou com ele, que lhe respondeu:

– Claro, querida, o tempo passa, modificando tudo.

Hospedaram-se num hotel e Ana quis ir à casa da irmã porque achou que a encontraria em casa.

– Ana! – Espantou-se Maísa. – Entre!

Abraçaram-se. Eles entraram e Gustavo se apresentou:

– Sou o esposo de Ana, Gustavo. Prazer!

Sentaram e ficaram em silêncio. Ana disse:

– Como estão todos?

Maísa deu notícias dos familiares, ela ouviu, atenta. Um sobrinho chegou.

– Tia Ana! Que surpresa!

– Rogério! Como você cresceu! Está lindo! – Exclamou Ana, abraçando-o.

– Tia, o carro que está lá fora é da senhora? – Indagou o sobrinho.

Ana ia responder, mas Gustavo adiantou.

– É nosso! Como está, meu rapaz?

Conversaram uns minutos. Pelas roupas, pelo carro, logo perceberam que Ana se dera bem. O sobrinho, gentil, convidou:

– Titia, vou reunir a família toda hoje à noite na casa do tio Carlos, que é maior, para que veja todos e para que possamos matar a saudade que tínhamos da senhora.

– Agradeço! Bem, agora vamos, estamos cansados. Às oito horas, está bem?

Foram descansar, à noite reviu todos, abraçaram-se, quis saber das novidades, conversaram muito e foram embora tarde. Ficou combinado novo encontro na noite do dia seguinte.

Voltaram para o hotel. Ana ficou calada, ele respeitou seu silêncio. No outro dia, cedo, ela pediu:

– Me leve onde morei, quero ver os amigos.

Foram rever o bairro, as casas pobres a emocionaram.

– É aqui que morei, depois ali. Nesta casa morava Antonia. Vamos lá.

Bateu na porta e uma moça abriu. Ana a reconheceu.

– Renata! Você não é a filha de Antonia? Que bom vê-la. Como está sua mãe?

– A senhora é Ana? Amiga de mamãe? Não quer entrar? Mamãe morreu... Já faz algum tempo.

– Sinto muito... – Lastimou Ana. – Volto aqui depois. Você sabe de Délia?

– Mora ainda na mesma casa –, respondeu a mocinha.

Ana foi até lá. Délia, ao vê-la, gritou alegre e veio encontrá-la. Abraçaram-se comovidas.

– Puxa, que roupa chique!

Conversaram animadas, Délia estava como sempre, os filhos crescidos e muitos problemas.

– Ana – disse ela –, pensei até que você havia morrido. Soubemos do acidente, a polícia foi atrás de Gilberto, não entendemos bem o que houve.

– No acidente faleceram Gilberto e os meninos, fiquei com as meninas, são nossas filhas e...

Contou o que se passou, omitindo que era Gustavo quem dirigia o outro automóvel.

– Délia, me diga, para quem Gilberto ficou devendo?

Ela falou e completou a afirmação.

– O automóvel que Gilberto comprou e pagou só a entrada era roubado.

– Vou pagar nossos antigos vizinhos, depois volto aqui.

Saiu com Gustavo, que estava quieto, acompanhou-a, protegendo-a.

Ana foi à casa de todos que Délia citou e pagou as dívidas. Calculou o que compraria naquele tempo com o dinheiro e acrescentou mais um pouco. Não era muito, ninguém por ali tinha para emprestar. O espanto foi total.

– Dona Ana! A senhora não morreu? Pagar a dívida?

Mas ficaram contentes. O antigo dono do bar onde ela trabalhava, agora aposentado, estava lá conversando, se espantou, mas recebeu o dinheiro e indagou:

– Dona Ana, sempre quis saber, foi a senhora ou Gilberto que me deu o golpe?

– Ele... bem, o que importa é que não lhe devemos mais nada e agradeço o senhor...

– Este dinheiro fará mais fartura agora do que se tivesse recebido naquele tempo. Minha esposa está doente, é a quantia certa para os exames. Obrigado, dona Ana. É digno de sua parte pagar dívidas do falecido.

Voltaram à casa dos filhos de Antonia.

– Renata, devia para sua mãe e quero deixar este dinheiro para vocês. Por favor, reparta com seus irmãos.

– É muito! Depois, não me lembro de a senhora ter ficado devendo a mamãe, ela comentava sempre que para nós Gilberto não pediu nada – falou a mocinha.

– Dívida de amizade não tem preço. Por favor...

Renata pegou, Ana despediu-se e voltou à casa de Délia, que os esperava com um cafezinho.

– Délia, minha amiga, paguei todos por aqui, só não quitei as dívidas com os amigos de Gilberto que eram bandidos.

– Por que fez isso? – Indagou Délia.

– Primeiro, porque posso; segundo, por Gilberto, ele se sentirá bem ao saber que quitei seus débitos com as pessoas honestas que ele enganou. Aqui está algo que quero lhe dar. Não abra, deixe para depois que eu sair.

– O que é? – Perguntou Délia.

– Um mimo a uma amiga que me ajudou quando necessitei – falou Ana, carinhosamente.

– Você também me ajudou.

– Quero lhe dar um presente.

Abraçaram-se na despedida.

– Voltará? – Délia quis saber.

– Não, Délia, partirei desta vez para sempre. Cuide-se! – Respondeu Ana, emocionada.

Entraram no carro.

– Vamos para o hotel, Gustavo.

No quarto, Ana falou para ele:

– Vamos embora. Estou com saudade da chácara, vontade de estar no nosso lar.

– Ana, você deu todo o seu dinheiro...

– Desculpe-me se dei o dinheiro sem consultá-lo.

– Querida, não precisa se desculpar, o dinheiro era seu. Só queria entender, pensei que daria aos seus familiares. Temos um encontro hoje à noite...

– Gustavo, quando Carlos me escreveu, afirmou que passavam por dificuldades. Aqui, compreendi que não era verdade. Todos estão bem, não ricos, como você, mas ninguém precisa de auxílio. Mentiram, e sabe por quê? Medo de que eu pedisse dinheiro a eles. Trataram-nos bem porque souberam que nos hospedamos no melhor hotel da cidade, pelo carro que tem, pelas roupas que vestimos. Ouvi indagarem a você o que faz, o que tem. Vim disposta a ajudá-los, mas não precisam. Vivi anos naquele bairro, senti que deveria quitar as dívidas que Gilberto fez enganando pessoas que têm pouco, que emprestavam para ajudar. Antonia foi minha grande amiga, ela desencarnou, ficará contente pelo que dei aos seus filhos. E esse dinheiro ajudará Délia.

– Minha querida, não fique triste, devemos ter nossos familiares, as pessoas que amamos. As meninas não são nossas consangüíneas e as amamos tanto!

– Por que me chama de querida?

– Querida é algo muito apreciável, indivíduo estimado. É isso que sinto em relação a você. E quando digo minha não é por posse, é meu afeto. Se quer, vamos embora. Mas, e o encontro de hoje à noite?

– Escreva para mim um cartão se desculpando e peça na portaria do hotel para que seja entregue logo.

Gustavo escreveu e meia hora depois foram embora. Ana olhou pela última vez a cidade onde nasceu, recordou dos filhos, a saudade apertou o peito, teve vontade de chorar, não o fez. "Como minha vida mudou quando fui embora daqui! Se não tivesse ido, como seria? Talvez estivesse com os dois, mas não conheceria Gustavo. Eles teriam desencarnado se não tivesse me aventurado com Gilberto? Se? Se? Como nos atrapalha esta indagação." Lembrou com detalhes dos rostinhos dos filhos, pareciam sorrir para ela. O amor continuava. Não quis que ele percebesse, seu companheiro sentia muito por estar envolvido, mesmo sem ter culpa na desencarnação deles. Da outra vez que partiu dali foi com medo e incerteza; agora era diferente, ao lado dele tinha segurança. Olhou para aquele homem bondoso, que fazia tudo por ela, sorriu, teve vontade de dizer que o amava, mas não conseguiu. Ele respeitou seu silêncio, compreendendo-a.

Ana alegrou-se ao chegar na chácara.

– Não viajo mais! Como nosso lar é gostoso!

Ele sorriu e suspirou aliviado, concordava. As mocinhas quiseram saber por que voltaram tão rápido.

– Fiz o que há muito queria, revi todos e compreendi que minha família está aqui.

Gilberto, que de tempos em tempos vinha visitá-los, quando soube o que Ana fez, ajoelhou-se e pediu: "Perdão Ana! Perdão!" E foi tão forte seu apelo que ela, sem entender bem por que, respondeu em pensamento: "Perdôo você, Gilberto, perdôo!" E ele chorou aliviado e agradecido.

Para melhor comodidade, Gustavo instalou um telefone na chácara, ele estava sempre precisando usá-lo para seus negócios.

Lívia teve alguns namorados e firmou com Cláudio, um mocinho bom e educado. No começo Ana preocupou-se, a família dele podia se opor, mas tudo deu certo. Planejaram se casar. Gustavo disse:

– Lívia, vou reformar a casa que sua mãe lhe deu, será meu presente de casamento.

– Obrigada, senhor Gustavo!

As três se reuniram.

– Não vejo por que contar ao Cláudio que não sou sua filha – falou Lívia.

– Minha irmã – expressou Vanessa –, não é certo esconder esse fato de seu futuro marido.

– Prometemos não falar a ninguém – disse Lívia.

– Tem medo? Por quê? – Indagou Ana.

– A senhora é tratada como esposa do senhor Gustavo. Talvez seja por isso que a família de Cláudio tenha me aceitado. Amo-o e não quero perdê-lo!

– Filha – Ana suspirou, abraçando-a –, sua irmã tem razão. Se ao saber a verdade Cláudio mudar, é porque não a merece. Conte só a ele, a família dele não precisa saber. Casará no cartório, terá de aceitar os documentos, não dá para esconder.

– Vou perguntar ao senhor Gustavo como é feito tudo isso.

Gustavo verificou os documentos, teve uma surpresa e chegou em casa com a notícia.

– Vocês não sabem o que Gilberto fez. Deve ter enrolado o cartório, fez o atestado de óbito no seu nome e deixou como viva Aninha. Você, Ana, tem os documentos da mãe das meninas. Quando passei a chácara e as casas para o seu nome, o M foi abreviado, não prestei atenção se M era de Maria ou Machado. Se você quiser legalizar, teremos de contratar um bom advogado, será um processo longo, teremos de ir muitas vezes nas duas cidades, ter testemunhas, e com Gilberto falecido é mais difícil.

– Deixemos como está. Não faz diferença – disse Ana, achando graça.

– Por que será que papai fez isso? – Indagou Lívia.

– Ele demorou para legalizar esses papéis – lembrou Ana. – Disse na época que não tinha dinheiro e quando o fez deve ter preferido continuar casado ou porque no seu emprego não podia ser solteiro. Deve ter achado mais fácil.

– Bem, vamos esquecer então. Lívia pode casar sem medo. Sua mãe, até no papel, é Ana.

Zek morreu de velhice. Todos entristeceram. Lívia e Vanessa o enterraram no jardim. Ana sentiu falta dele, estava sempre com o cão, que a acompanhava por toda a chácara. Era um animal querido.

Lívia, pressionada por Vanessa, contou ao noivo o que prometera não falar a ninguém. Cláudio comentou:

– Que mulher fabulosa é a dona Ana!

O casamento foi marcado e Lívia queria pedir algo ao Gustavo e não sabia como, ele percebeu e indagou:

– O que se passa, menina?

– É que... – Encabulou-se.

– Senhor Gustavo, ela quer lhe pedir algo e está envergonhada – interferiu Vanessa.

Ele sorriu e a olhou com carinho.

– Queria que o senhor entrasse comigo na igreja. Devo-lhe tanto, é como um pai para mim, o único que tive, não sei se o senhor aceita... – Pediu Lívia.

– Será um prazer! Entrarei com você na igreja com muito orgulho. Obrigado por me comparar a um pai – ele se emocionou.

E organizaram uma grande festa, a recepção seria na chácara.

O casamento foi lindo, Lívia ficou maravilhosa, Gustavo entrou com ela na igreja. A festa foi um sucesso e Ana ficou muito feliz.

Aninha e Gilberto assistiram, ela comentou:

– Logo, Gilberto, você voltará ao plano físico tendo nossa filha por mãe.

A festa terminou, tudo saiu a contento. Gustavo e Ana ficaram um pouco na varanda, comentando sobre os acontecimentos. Aninha e Gilberto se aproximaram deles. Gustavo afirmou:

– Ana, não sei por que, mas acho que Gilberto e Aninha vieram assistir ao casamento de Lívia, sinto-os contentes.

– Foi tudo tão lindo! Obrigada, querido!

– Obrigado, senhor Gustavo!

– Deus lhe pague!

Os pais biológicos de Lívia choraram emocionados. E o companheiro de Ana sentia paz, recebeu as vibrações de gratidão e também que era sincero o agradecimento de um antigo desafeto. E como isso faz bem!

# 11
# Vanessa

Vanessa sempre foi um encanto, estudiosa, aplicada, delicada, amorosa. Fazia magistério, queria ser professora, era seu sonho. Tinha muitas amigas a quem estava sempre ajudando. Freqüentava o Centro Espírita com assiduidade, fazia parte da mocidade e de um curso para evangelizar crianças.

Ganhou de Gustavo, quando fez dezesseis anos, um bonito cavalo de raça e ela deu-lhe o nome de Astro; os dois se entendiam. Ela o tratava com carinho e Astro era obediente. Era difícil o dia em que não saíam para passear pelas redondezas.

Vanessa começou a se interessar por um moço, Vinícius, alto, forte, moreno, mais velho que ela uns quatro anos. Ele não lhe dava atenção, era namorador, tinha muitas garotas atrás dele.

Mas a filha de Aninha não era de desistir facilmente; pensou, pensou e resolveu lutar, queria-o, achava que estava apaixonada. Começou a ir aonde ele estava, a olhá-lo, e todos perceberam. As amigas até que tentaram aconselhá-la.

– Vanessa, Vinícius é namorador, mais velho, sai com as garotas mais bonitas da cidade.

– Não insista – disse outra –, ele nem percebe que você existe.

– Acho que tenho de lutar pelo que quero! – Falou ela, convicta.

Havia um clube na cidade onde a moçada ia muito, Gustavo era sócio e Vanessa sempre estava lá com as amigas. Uma tarde, vendo-o sozinho no bar do clube, aproximou-se.

– Oi, está quente hoje, não?

– É... – Respondeu ele, olhando para ela.

– Está sozinho? – Indagou Vanessa, sabendo que era uma pergunta tola, mas não sabia o que dizer.

– É óbvio! Vanessa, você é uma criança e não gosto de meninas, prefiro mulheres feitas. Não estou a fim de namorar sério e não quero complicações com o senhor Gustavo. Por isso, menininha, largue do meu pé. Certo?

Saiu e ela ficou parada, como se tivesse tomado um choque. Respirou fundo, olhou para os lados e sentiu alívio, não tinha ninguém perto. Ofendida e com vontade de chorar, foi ao banheiro, depois saiu para avisar as amigas que ia embora. Voltou para casa aborrecida, sofria, amava-o, ou melhor, pensava que estava enamorada.

Foi só trancada no seu quarto que chorou até dormir. Tinha amor-próprio e resolveu não fazer mais nada para conquistá-lo, não iria nem olhar mais para ele. Mas, disfarçadamente, olhava-o. Vinícius estava sempre rindo ao lado de moças, tinha muitos amigos.

Doze dias depois que isso aconteceu, numa tarde de domingo, suas amigas foram ao clube. Como o almoço de família ia atrasar, Vanessa combinou encontrar com elas lá. Chegou e suas amigas não estavam no local combinado. Escutando vozes na sala de jogos, foi para lá.

Encontrou Vinícius mais três amigos, e ele falou alto para os colegas.

– Lá vem o grude! Essa garota não se manca, está sempre atrás de mim. Será que não percebe que eu não a quero, que a acho feia e sem graça? Que foi, garota? Procurando-me?

Vanessa não respondeu, por um instante ficou parada, virou as costas e ainda ouviu o comentário de um dos mocinhos:

– Vinícius, por que a trata assim? Você não é grosseiro. Nunca o vi tratar alguém desse jeito.

– Ora, ela me enerva...

Ela foi embora. No caminho da chácara lágrimas escorreram pelo seu rosto. Chegando, as enxugou, não queria que ninguém notasse ou soubesse, disfarçou, tinha vontade de chorar, desabafar, mas ali não tinha jeito. Todos, ao vê-la, quiseram saber por que voltara cedo e ela falou:

– Minhas amigas devem ter ido a outro lugar, não estavam no clube. Vou dar uma volta com Astro.

Cavalgando pôde chorar, estava humilhada, ferida; ele a achava feia, sem graça, e isso lhe doía, ainda mais por ter falado perto de outros. Naquele dia mesmo todos os amigos saberiam e ririam dela.

Lívia e ela tinham muitos amigos, mas sabiam que o preconceito existia. Sua mãe não era casada, embora o senhor Gustavo a tratasse como esposa e a elas como filhas, sabiam dos comentários: "Não serve para esposa, a mãe não é casada..." Talvez seja por isso que ele não a queria, mas podia ser também por que a achasse feia. Sentiu muita raiva e naquele momento resolveu que um dia iria dar o troco para Vinícius. Iria de algum modo fazer ele se apaixonar por ela e depois iria desprezá-lo.

Tomou o rumo que ia para o campo, a estrada, continuação da rua da chácara, que ia até uma cidadezinha próxima e dava em muitas fazendas. Foi cavalgando devagar, chorando e se afastando.

"Pronto! – Resmungou. – Já chorei demais por aquele idiota, que não perde por esperar!"

Continuou indo para a frente, foi quando ela viu um moço parado embaixo de uma árvore com o cavalo ao lado.

– Ei, Vanessa!

– Ernane! Que surpresa!

Apeou e foi cumprimentá-lo.

– Como você está bonita! – Exclamou ele, gentilmente. – Mas o que tem nos olhos?

– Acho que foi a poeira...

– Deve ter sido um motivo forte. Veio de longe! Não quer ir lá em casa? Minha tias ficariam contentes em vê-la – convidou Ernane.

Montaram em seus cavalos e foram. Vanessa não estava com vontade de voltar à chácara e conhecia as tias de Ernane, eram amigas de sua mãe, espíritas, senhoras bondosas que moravam numa casa grande nos arredores da cidade vizinha. Eram as duas, Olga e Tereza, solteiras e tinham pelo sobrinho um amor imenso. Ouviu comentário de sua mãe que Ernane estava doente e que viera passar uma temporada com as tias.

Foi recebida com alegria. Tomaram café.

– Vanessa – disse tia Olga –, você avisou em casa que vinha para cá?

– Não. É que fui cavalgando e... – Respondeu a garota.

– Já viu que horas são? Sua mãe ficará preocupada. Chegará lá de noite – falou tia Tereza.

Vanessa olhou as horas e levou um susto, se distraíra no seu resmungo. Ernane teve uma idéia:

– Vanessa, telefone para sua mãe, diga que está aqui, que se distraiu, e fique para dormir. Amanhã irá embora. Não podemos deixá-la ir, ficará escuro logo.

– Faça isso, querida! – Pediu tia Olga.

A mocinha telefonou.

– Mamãe, me distraí e tia Tereza e tia Olga querem que eu durma aqui... A aula de amanhã não é importante. Está bem!

Desligou o telefone e disse contente:

– Mamãe deixou! Fico! Não vou incomodar mesmo?

Conversaram animados e a mocinha esqueceu a mágoa. Prestou atenção em Ernane: era loiro, bonito, olhar calmo e muito educado. Mas estava magro e pálido.

– Vanessa – disse ele –, se quiser, é claro, a ensinarei a cavalgar com elegância.

– Queria ser uma pessoa fina, uma mulher interessante – respondeu, pensando que se fosse daria em Vinícius a lição que tanto queria.

– Poderei ensiná-la! Sabe jogar xadrez? Não? Dançar? Pois eu a ensinarei. Não deve sentar-se assim, fique reta na cadeira, cruze as pernas. Isso! Perfeito!

Ela gostou, seria de agora para a frente diferente, aprenderia ser uma mulher como Vinícius gostava e aí ele iria ver só.

Já no outro dia aprendeu muitas coisas. Ernane deu a ela uma lista de livros que deveria ler. Foi embora à tarde, prometendo voltar no sábado para passar o final de semana. O motorista a levou e foi buscá-la no domingo à noite. Por sete finais de semana fez isso e nas férias de julho passou na casa das tias de Ernane, que passaram a ser tias dela também.

Ana soube por Lívia o que acontecera com a filha e Vinícius, achou que era bom para ela ver pessoas diferentes. Depois conhecia Olga e Tereza do Espiritismo, eram amigas, e estas a convenceram a deixá-la com elas; isso estava fazendo bem à mocinha.

Vanessa voltou das férias mudada, andando com elegância, com roupas modernas e bonitas, cortou os cabelos, aprendeu a maquiar-se, jogava xadrez, leu todos os livros que Ernane recomendou, gostou, sempre teve muito prazer em ler, aprendeu a dançar, a gostar de ver as estrelas, sabia o nome das principais e qual a sua localização no firmamento.

As amigas admiraram o novo visual.

– Como você está bem!

Viu Vinícius e nem olhou, virou mesmo as costas. Ele a fitou, ela levantou a cabeça, nunca mais deixaria que a humilhasse. Estava entusiasmada com o que Ernane lhe ensinara, passou a sentar-se como ele aconselhara, usar o perfume indicado.

– Campeonato de xadrez! – Comentou a turma eufórica.

O clube estava promovendo um campeonato e Vanessa se inscreveu, Ernane a ensinara e ela aprendeu rápido. E grande foi sua surpresa ao encontrar Vinícius, que também se inscrevera. Houve o primeiro jogo, ela ganhou fácil. Havia pessoas de todas as idades, mais homens; enquanto esperava o término, colocaram música e um senhor, conhecido como excelente dançarino, desafiou as mulheres:

– Quem sabe dançar para ser meu par?

Riram. Vanessa sempre gostou de dançar, e depois que Ernane a ensinara o fazia bem. Levantou-se.

– Danço com o senhor!

E se saiu muito bem. A turma bateu palmas e o senhor comentou:

– Puxa, menina, você dança mesmo!

– Estou só acompanhando o senhor, gosto de dançar – respondeu ela.

Depois de umas três músicas, Vinícius aproximou-se do casal e disse:

– Senhor, vou lhe tomar a garota! Permite?

Vanessa trocou de par, Vinícius dançava bem, foi fácil acompanhá-lo. Mas não olhou para ele, ficou o tempo todo de cabeça erguida, nariz para o alto. Quando terminou a música, voltou para perto das amigas, que vieram para a competição.

– Então, acabaram? Vamos embora?

Vinícius comentou:

– Não sabia que jogava bem xadrez nem que dançava...

– Por que tinha de saber? – Falou calmamente.

– Virá ao baile sábado? – Perguntou ele.

– Não, tenho outro compromisso – respondeu, virando-se para o outro lado.

No final de semana foi à casa das tias de Ernane, este estava enfermo e ela lhe fez companhia.

– Vanessa – disse ele –, tenho câncer, não tem cura, meu pai quer que eu vá para os Estados Unidos, não quero. Pedi a ele para ficar aqui com minhas tias, que desde que minha mãe desencarnou são tudo para mim.

A mocinha queria-o bem, era um grande amigo, talvez viesse a amá-lo, mas ele sempre com delicadeza cortou qualquer aproximação nesse sentido. Ela ficou triste.

– Por que está triste? Não sabe que todos nós vamos desencarnar? Não tenho medo dessa mudança! Tenho a certeza de que ficarei bem no Plano Espiritual. Depois, estaremos unidos pela nossa amizade. Não quero que sofra por mim, não quero ser motivo de tristeza para ninguém – falou ele tranqüilamente.

– Desculpe-me, amigo! Você tem razão, a desencarnação é para todos nós...

No terceiro jogo de xadrez, ganhou novamente e ficaram no final comentando sobre as estrelas. Era o assunto preferido de Ernane e por isso ela conhecia bem e espontaneamente comentou sobre constelações, cometas e quando se deu conta ela e Vinícius conversavam animadamente. Ele entendia bem do assunto.

Vanessa saía pouco e nos finais de semana ia para a casa das tias. Passou um mês e Ernane partiu com o pai para os Estados Unidos, ia tentar um tratamento. As tias choraram e ela ficou apreensiva e chorou também.

O campeonato estava em fase final. Vanessa ficou como finalista, Vinícius também. Jogaram e empataram. Novos jogos, ele tirou o primeiro lugar e ela, o segundo. Houve festas, dançaram e ele começou a se interessar pela filha de Ana, principalmente após um curso de psicologia, tinham as mesmas idéias. Comentaram sobre o curso, quando falavam sobre livros, nova coincidência: gostavam, liam os mesmos autores.

A mocinha o evitava e isso despertou mais seu interesse, começou a cortejá-la.

– Você virá ao baile neste sábado? Não a entendo, gosta tanto de dançar e não vem aos bailes – disse ele.

– Não sei, não estou com vontade – respondeu ela com desdém.

E não foi, preferiu visitar as tias Olga e Tereza, elas sentiam muito a ausência do sobrinho. Escreviam sempre. O tratamento não deu certo e ele voltou para o Brasil, ficou na casa do pai no Rio de Janeiro e as tias foram para lá. Vanessa quis ir visitá-lo, mas ele pediu que não fosse, estava muito doente. Ela entendeu.

Recebeu a notícia de sua desencarnação e chorou. Ana a consolou:

– Minha filha, não deve agir assim. Entendemos bem esse acontecimento. Vamos orar por Ernane, tenho a certeza de que ele está agora com a mãe, ele tinha conhecimentos e merecimentos, ficará bem no Plano Espiritual. E lá, para os bons, é bem melhor do que aqui. Pense nele tranqüilo, feliz e sadio.

Vanessa se esforçou, e por insistência da mãe passou a sair mais, também porque as tias estavam ainda no Rio de Janeiro e não podia ir à casa delas. Encontrava com Vinícius e ignorava-o. Foi a um baile, ele a convidou para dançar e a elogiou:

– Você está bonita!

– Muda de opinião depressa ou costuma mentir? Há pouco tempo me achava feia.

– Creio que não reparei bem. Você é linda!

Semanas depois ele pediu para namorá-la, ela disse que não e o moço insistiu.

Vanessa costumava cavalgar por ali, só que agora se vestia como uma amazona, usava botas, chapéu, calças compridas, roupas que ganhara de Ernane. Corria pelo campo, Astro pulava obstáculos. Estava distraída e como de costume parou, subiu no arreio, ficando de pé para alcançar umas goiabas, colheu-as e se pôs a comer, sentando novamente no arreio.

– Vanessa!

Ela virou e se defrontou com Vinícius observando-a. Ele parara a caminhonete na estrada e viera até a cerca. Falou preocupado:

– Que perigo! Você pode cair!

– Mas não caio, depois, se acontecer, do chão não passo! – Respondeu ela calmamente.

– Malcriada! Por que fez isso? Ficar de pé em cima do cavalo! Exibida! – Falou ele exaltado.

– Para quê? Para quem? Ora, Vinícius, vá encher outro! Se quisesse me exibir daria um show para uma platéia e cobraria ingresso. Nem sabia que estava aí me olhando.

Galopou em sentido contrário. Ele estava com um amigo, que riu.

– Você, meu caro, deu uma mancada, Vanessa anda muito bem a cavalo.

– Poderia ter caído, que imprudência! – Exclamou Vinícius.

– Cuidado! Parece apaixonado! Ela esteve interessada em você e a esnobou, agora é o contrário – comentou o amigo.

Ele nem respondeu.

Tiveram algumas discussões, mas acabaram por namorar. Só que Vinícius era ciumento, às vezes agia com grosseria, e os amigos não entendiam, e era assim só com ela. Se Vanessa revidava, brigavam. Ele não gostava que a namorada cavalgasse, então ela diminuiu seus passeios a cavalo para evitar desavenças, e quando o fazia ia escondido dele.

Tias Olga e Tereza voltaram da viagem e Vanessa foi visitálas. Vinícius se aborreceu:

– Nunca fiquei sabendo por que você gosta tanto de ir lá.

– Gosto das duas, somos amigas.

A mocinha foi no sábado cedo, voltaria no domingo à tarde. Mas, no sábado à tarde, Vinícius apareceu por lá. Foi recebido bem, e gentilmente conversou com as duas senhoras. De repente, ele viu o retrato de Ernane.

– Grande amigo! Sinto sua morte!

– Você o conhecia? – Indagou Vanessa, espantada.

– Estudamos juntos, moramos na mesma república, éramos confidentes, aprendi a jogar xadrez com Ernane – respondeu ele, suspirando.

– Ele esteve aqui doente. Você não veio vê-lo?

– Claro que sim! Nas terças-feiras vinha jogar com ele; só não vim nas férias de julho porque ele me pediu que não viesse.

Vinícius se emocionou com as lembranças e ela ficou pasmada. Tia Olga o chamou para ir à cozinha. Compreendeu tudo. Ernane sabia de seu amor por Vinícius e resolveu ajudá-la, até o perfume indicado era o preferido dele, danças, xadrez, livros. Ernane, conhecendo o amigo, sabendo do que ele gostava, fez com que ela aprendesse a gostar das mesmas coisas para conquistá-lo.

Ele foi convidado a pernoitar, aceitou, e no domingo foram embora.

Namoraram por meses, brigaram muito. Ele paquerava outras garotas e às vezes até perto dela.

No final do ano, a escola de Vanessa organizou uma excursão, iriam passar oito dias no litoral. Gustavo pagou tudo e ela estava radiante.

– Você não vai! – Afirmou Vinícius.

– Claro que vou! Não conheço o mar, sonho com essa viagem.

– Um dia, quando casarmos, levarei você à praia. Com sua turma você não vai!

Discutiram por dias e ele deu um ultimato:

– Se você for, o namoro está terminado.

Ela ficou indecisa, mas já estava tudo acertado, senhor Gustavo lhe dera tudo com prazer, Ana estava contente por ela ir viajar. As amigas opinaram:

– Não entendo por que Vinícius age assim com você. Todos gostam dele como amigo.

– Você deve ir, brigam, depois voltam.

Vanessa foi, esqueceu as brigas e aproveitou a viagem, que foi maravilhosa. Quando chegou, surpresa, ele estava com outra namorada.

A filha de Ana chegou à conclusão de que foi o melhor e que deveria esquecê-lo.

Dias depois, cavalgando por ali, perto da chácara, encontrou com Adriano. Conhecia-o, ele estudava em outra cidade, estava no último ano de direito, morava num sítio ali perto. As amigas diziam que ele estava interessado nela, mas, como só tinha olhos para Vinícius, não lhe deu atenção. Observou o rapaz, não era bonito, mas inteligente, educado e, como ela, gostava de animais. Conversaram muito, combinaram cavalgar no dia seguinte. E o fizeram por toda a semana.

Gustavo os encontrou, parou, cumprimentou Adriano. Quando Vanessa retornou a casa, ele perguntou:

– Você está namorando Adriano?

– Não senhor, nos encontramos para cavalgar – respondeu a mocinha.

– Gosto dele! Quando ele se formar vou convidá-lo para trabalhar na fábrica. Ele parece interessado em você. Adriano é ouro enquanto o outro é lata.

Saiu. Ana, que escutava, completou:

– Gustavo não gosta de Vinícius. Ele tem a estranha mania de olhar para os olhos das pessoas e sentir quem elas são.

As fofocas eram muitas. As amigas comentavam, Vinícius falava dela, que era bobinha, indecisa, que só pensava em namorá-la novamente se ela pedisse desculpas etc.

– Nem vou me desculpar, como não aceito as desculpas dele – afirmou.

Com raiva, Vanessa aceitou namorar Adriano, logo viu a diferença, ele a tratava como se fosse alguém muito importante.

Com o retorno às aulas, ele foi estudar e voltou na Semana Santa. Cavalgaram juntos a tarde toda. À noite, quando ele veio buscá-la, estava com o rosto marcado.

– O que aconteceu? – Perguntou ela.

– Acho que você vai saber mesmo. Vinícius e eu brigamos.

Vanessa ficou revoltada. Adriano era de estatura média; Vinícius era alto, forte e certamente deu uma de valentão querendo resolver na força uma frustração, nunca pensou que ela iria namorar outro.

– Ele me agrediu e... – Falou Adriano, querendo explicar.

Resolveram esquecer o incidente desagradável. Adriano voltou para estudar. Vinícius começou assediá-la, queria voltar a namorá-la. Uma noite, foi à chácara, sentaram na varanda, começaram a discutir e ele acabou por gritar. Gustavo interferiu:

– Olhe aqui, mocinho, não quero que trate Vanessa assim. Vá gritar na sua casa. Ela está namorando outro. Pare de assediá-la.

Ele não respondeu e foi embora. Quando ela entrou, escutou Gustavo falando com o pai de Vinícius ao telefone:

– Seu filho está se tornando inconveniente. Está perseguindo minha enteada e gostaria que o aconselhasse a parar.

Depois que desligou, falou à mocinha:

– Sabe o que o pai dele me respondeu? Que pensava que era você que ficava atrás do filho. Mas disse que vai falar com ele. Vanessa, não quero interferir, mas aconselho: pense bem! Será que esse moço grosseiro é o melhor para você?

Ela foi para o quarto. Aquela noite teve um sonho tão real que pareceu verdadeiro.

Era casada com Vinícius, tinha medo dele, conheceu Ernane e apaixonou-se, traiu o marido, que descobriu e foi matar seu amante, que acabou assassinando seu esposo. Ernane foi preso. Ela já tinha dois filhos do esposo, esperava um do amante. Foi desprezada, teria passado fome se não fosse pela ajuda de Adriano, um jovem professor. Depois de um tempo, ele se declarou, levou-a para morar com ele e a ajudou a criar os filhos como se fossem dele.

Acordou aflita e chorou muito. "O que faço?" E viu Aninha ao lado de sua cama lhe sorrindo.

"Minha filha, aconselhe-se com Ana."

Não dormiu mais, ficou pensando, levantou cedo, queria conversar com a mãe, mas foi só após o almoço que conseguiu. Contou-lhe todo o sonho. Ana escutou com atenção, pensou um pouco e aconselhou:

– Vanessa, sonhos têm muitos significados. Pode ser que este seja uma recordação do passado. Mas nem sempre estivemos envolvidos com pessoas que encontramos nesta encarnação. Pode ser que por esses problemas tenha sonhado, confundindo tudo, romanceando ou fazendo uma história para os três. Minha filha, temos oportunidade pela reencarnação de recomeçar, certo que esse recomeço pode ser como reparação, reconciliação, mas antes de tudo é um aprendizado. Temos por obrigação aprender, melhorar, progredir e aproveitar essa oportunidade para estarmos bem e sermos felizes. Conheci nesta encarnação dois opostos. Gilberto me lembra Vinícius na agressividade e Adriano, Gustavo. Não sei se já estive junto de Gilberto em outras encarnações. Se estive ou se deveria fazer algo para ele, nada adiantou, não consegui mudá-lo. Talvez na minha passividade permiti que ele continuasse agindo errado. Você disse que no seu sonho você temia o esposo, talvez porque ele era agressivo e mau. Jovem, sonhadora, não resistiu à paixão e acabou tendo amante. Ernane nesta vida desencarnou jovem, talvez porque tenha matado na outra. Mas se isso aconteceu, os dois se reconciliaram, tornando-se amigos.

– Mamãe, se traí Vinícius, talvez deva ficar com ele...

– Será, filha, que não irá traí-lo de novo? Agüentará se ele a trair, agredir, humilhá-la como ele tem feito? Vinícius não é mau, só que não é par para você. Afinamos com algumas pessoas e com outras não. Gustavo não deu certo com Lorena e comigo sim. Você será feliz com alguém que lhe dê segurança, amor e que combine para viver sem brigas. Não pense, se iludindo, que poderá mudar Vinícius. É difícil mudar alguém, é melhor se entrosar com um que combine com seu jeito de ser. Muitas pessoas vivem bem com brigas e ciúmes, você não, gosta de harmonia. Adriano a ama, sim, basta olhar para ele para perceber. E se seu sonho foi real, ele não teve nada com as desavenças, ajudou-a e veio enamorar-se de você, ofereceu um lar honesto e criou seus filhos. Agora, novamente a ama...

– Será que Ernane queria que eu ficasse com Vinícius? – Perguntou a mocinha.

– Ele só pensou em ajudá-la ao saber que era apaixonada por ele – respondeu Ana.

– Estou dividida!

– Que não seja pelo passado. Este ficou para trás. Escolhemos nosso futuro com as decisões do presente. Pense bem, filha, com quem você gostaria de viver até a velhice e quem seria bom pai para seus filhos.

Dias depois, tia Olga telefonou para que Vanessa fosse lá. Estavam alegres, receberam pela psicografia uma mensagem de Ernane.

Vanessa leu contente; o amigo contava onde estava, descrevia uma linda colônia. Junto da mãe estava sadio e feliz.

– Esta é para você – disse tia Tereza, entregando-lhe um papel.

Era um bilhete:

"Querida amiga Vanessa. Seu sonho mostrou parte de uma encarnação que tivemos juntos. Erramos, sofremos e pagamos por isso. Suas mães Ana têm razão, o afeto sincero de Adriano lhe fará feliz. Vinícius nos perdoou, mas no fundo ainda tem mágoas, não as alimente. Ele encontrará o seu verdadeiro amor. Seja feliz! Ernane."

– Veja, Vanessa, o médium se enganou, pôs no plural: suas mães – observou tia Olga.

– É linda! Que mensagem verdadeira! – Exclamou a mocinha, compreendendo bem, não era engano.

E decidiu, ficaria com Adriano. Telefonou para Vinícius encontrar com ela e foi clara:

– Vinícius, amo o Adriano, quero continuar com ele, como também quero ser sua amiga.

Ele virou as costas e a deixou sozinha. Mas, namorador como era, logo estava com outra. Realmente Vanessa amava Adriano; conhecendo-o melhor, teve certeza de que ele era seu par ideal; combinavam, respeitavam-se e ele a amava muito.

Firmaram o namoro; no final do ano, ambos se formaram: ela professora e ele advogado, e ele foi trabalhar na fábrica e tornou-se grande amigo de Júnior. Ficaram noivos.

A mocinha foi lecionar, realizando seu sonho, como também dava o curso de Evangelização Infantil. Adriano tinha outra religião, mas, como era curioso, foi indagando sobre o Espiritismo, lendo livros, e a convite dela foi algumas vezes ao Centro Espírita, tornando-se por opção espírita.

Marcaram o casamento; a filha de Ana contou toda a sua história ao noivo.

– Por isso que Ernane pôs no plural: suas mães. Que sorte a sua de ter duas mães maravilhosas.

Os dois reuniram amigos do Centro Espírita na véspera do casamento para uma oração. Foi muito bonito, leu-se um texto do *Evangelho* e receberam vibrações de carinho de encarnados e desencarnados.

O casamento foi na chácara. Gustavo encaminhou-a até a mesa do juiz; casaram só no civil, eles não quiseram tomar a bênção de uma igreja que não freqüentavam. A noiva estava linda, Ana chorou emocionada. E os dois viveram bem, tiveram uma união feliz e três filhos.

# 12
# Ausência

A chácara estava sempre animada. As crianças adoravam ir lá e domingo era sagrado: chegavam cedo e só iam embora à noitinha. Davam-se bem, os filhos de Júnior chamavam Ana de vovó, assim como os de Lívia e Vanessa tratavam Gustavo de vovô.

Os donos da chácara nunca mais viajaram. Ela recebeu algumas cartas de familiares, que respondeu educadamente, ignorando as indiretas para visitá-los. E as notícias acabaram escasseando.

Ana não quis mais juntar dinheiro, gastava-o todo com os netos. Gustavo passou a ir com ela ao Centro Espírita, gostava de estudar e ajudava muito, contribuindo com dinheiro para assistência social. Ela costurava, bordava para o bazar, que vendia as peças para arrecadar dinheiro e convertê-lo em alimentos; visitava famílias, ajudando em casos de doença.

Viviam tranqüilos. Raramente discutiam, e quando isso acontecia era por bobagens, e acabavam rindo.

Luciana, Lívia e Vanessa se tornaram grandes amigas. Freqüentavam muito a casa uma da outra, as crianças se davam bem. Júnior e a esposa começaram a se interessar pelo Espiritismo, começando por ler alguns livros e depois a freqüentar o Centro Espírita. A nora de Gustavo era uma pessoa especial, delicada, sincera, de família rica, mas simples e prestativa.

– Quero trabalhar também! – Disse ela a Júnior, que no começo era contra. – Lívia ajuda Cláudio, Vanessa leciona. As crianças – que eram três – já estão grandinhas, posso bem sair de casa para trabalhar.

– Vá ao Centro Espírita com Vanessa – disse Júnior.

– Mas já estou indo...

– Por que não começa a fazer algo na fábrica? Aprenda pelas tarefas simples para depois fazer com conhecimento algo lá dentro de que goste – opinou Ana.

– Quero! Posso ir, Júnior? – Pediu Luciana.

– Luciana – disse Gustavo –, um casal, para trabalhar no mesmo local, precisa estar consciente de que não é fácil mais essa convivência. No trabalho há muitos problemas e um pode se doer pelo outro ou discordar indevidamente por ser mais íntimo. Depois, ficarão todo o tempo juntos, pense bem.

– Senhor Gustavo – falou Lívia –, Cláudio e eu trabalhamos juntos desde que casamos, embora eu dedique ao trabalho somente a parte da tarde, quando as crianças estão na escola. O senhor tem razão. Muitas vezes Cláudio não foi tão delicado e eu, por outras, já impliquei com o modo de ele proceder. Após algumas discussões, preferimos o diálogo franco e entramos num acordo.

– Estou pensando em colocar uma pessoa para ajudar o pessoal, nossos empregados, nos problemas diários, como também alguém de confiança para dirigir nossa creche – falou Gustavo.

– Aceito qualquer um! – Entusiasmou-se Luciana.

– Papai – falou Júnior –, estava pensando em contratar alguém formado em assistência social para atender os funcionários. Eles não estariam à vontade com Luciana. E na creche tem dona Isaura e...

– Isaura deve se aposentar. Há queixas contra ela, é muito rígida, quer muita ordem e a garotada precisa de disciplina, mas não tanto – comentou Gustavo.

– Gosto de crianças – falou Luciana –, talvez não seja bem isso que queira.

– Não cuidará só de crianças – expressou Gustavo. – Tomará conta de tudo e pode crer, minha nora, os empregados da creche lhe darão mais trabalho. Depois, quero que desenvolva um trabalho junto aos empregados para que todos mantenham os filhos na escola. E aproveito para convidar Vanessa para que juntas abram um curso para alfabetizar adultos, escola para nossos empregados. Não quero analfabetos na fábrica.

– Que bonito! Gustavo, você é o máximo! – Exclamou Ana em voz alta.

Todos riram.

Vanessa deixou a escola onde lecionava e, com Luciana, organizou o projeto na fábrica. Não só deram o curso para os empregados, mas para todos aqueles que queriam. As salas de aulas encheram, novos professores foram contratados e tudo custeado pela fábrica. Vanessa ficou radiante.

– André Luiz, se desobedecer ficará de castigo – advertiu Lívia.

– Pode deixar que tomo conta dele – disse Ana.

– Mamãe – falou Lívia –, Cláudio e eu decidimos ser firmes na educação de André Luiz. Juliana é tão meiga, mas ele necessita de mais pulso.

Lívia trouxera os dois filhos, iriam ela e o marido sair. Isto acontecia sempre, as três costumavam deixar os filhos na chácara para passear e eles gostavam muito. Ana reconheceu que a filha tinha razão, o garoto era um tanto rebelde. André Luiz recebeu esse nome em homenagem ao escritor desencarnado espírita, que já editara os primeiros livros e dos quais todos eram fãs.

A filha saiu. Ana sentou-se na varanda e pensava no assunto, quando o menino aproximou-se.

– Vovó, a senhora está triste? Alguém lhe bateu?

– Me bater? De onde tirou essa idéia, André Luiz?

– Bem... É que esta noite sonhei que um homem batia na senhora. E parecia que era eu, mas não era, foi um homem. Acordei aborrecido. Resolvi defendê-la, se alguém lhe bater, esmurro com força. Não deixo, vovó! Não mesmo!

Ana abraçou o neto. André Luiz era muito parecido fisicamente com Lívia, mas ela se assemelhava com Gilberto. Também já percebera que ele era arisco com Gustavo. Ficava sempre a olhá-lo, enquanto os outros netos corriam para abraçar o avô, que fazia de tudo para agradá-los. Gustavo tinha que chamá-lo, aí ele se alegrava e ia correndo.

– Obrigada, meu neto querido, é bom saber que tenho você para me defender. Vovó o ama. Esqueça esse sonho!

Sonhos podem não ter significado e só uns, raros, têm alguma ligação com nosso passado. André Luiz fora Gilberto e quando ele estava no Plano Espiritual, socorrido, sentira muito por ter tratado as duas Anas tão mal. Isso marcou-o e desejou ser bom para ela, que seria sua avó. E realmente era o neto que estava sempre ao seu lado e perguntava sempre: "Precisa de algo, vovó? Está triste? Não deixo ninguém lhe bater!" Riam ao escutar esta última frase. "Ninguém bate na vovó, André Luiz. Por que diz isso?" "Bem, respondia, podem querer bater, mas eu não deixo!" Ana o compreendia.

Gustavo raramente viajava, quando fazia era para apaziguar os filhos com a ex-esposa ou para ajudá-los nos negócios.

Estavam reunidos na sala, era noite, estava muito frio, as crianças foram para o quarto de brinquedos. Vieram ver Gustavo, que regressara pela tarde, fora ver os filhos e desta vez demorou mais dias.

– Papai, mamãe me ligou, conversou comigo por tempo. Quer dinheiro.

– Senhor Gustavo – interferiu Luciana –, não quero que Júnior dê dinheiro à mãe. Por favor, convença-o!

– Papai – continuou Júnior –, mamãe me pediu uma quantia razoável e me disse que é pouco. Queixou-se do senhor, que a enganou, impedindo por documentos de vender os bens. Xingou Paulo Sérgio por não lhe dar o que deve, como também reclamou de Áurea, que não a defende.

Gustavo passou a mão no queixo, todos na sala o olhavam, suspirou:

– Júnior, meu filho, você está bem casado. Luciana sempre foi sensata e deve prestar mais atenção em sua opinião. Já recebeu alguma visita de seus irmãos ou de sua mãe nesse tempo em que mora aqui?

– Não, senhor – respondeu. – Eles dizem que sou louco por morar numa cidade pequena. Não vieram.

– Sua mãe já lhe telefonou para saber se estava bem?

– Não, uma vez ela me disse que o senhor tomaria conta de mim.

– Filho, para todos, até para alguns amigos, eu o prejudiquei quando reparti nossas finanças. Mesmo sendo só sua essa fábrica, ficou com menos que os outros dois. Injustiça? Lorena é uma pessoa inteligente, entendeu isso. O que ela fez para defendê-lo? Nada! Meu filho, estive esses dias na fábrica, com eles, as finanças estão bem, mas estão com muitos problemas. Paulo Sérgio só dá à sua mãe o que ela tem direito. Ele me disse que não é como eu, que sempre fui bobo e dei tudo que ela queria, que a acostumei mal. Lorena gasta muito, é com extravagâncias, festas, viagens, etc. Se ela precisasse de dinheiro por motivos justos, não iria pedir a você, porque eu a acudiria. Você, filho, tem se esforçado, trabalha muito, eu tenho orgulho disso, irá ser o melhor presidente dessa fábrica. Não duvido! Se você atender sua mãe uma vez, ela, insaciável, irá querer sempre. Sua mãe não tem limites. Atenda sua esposa, diga a ela que não e deixe claro que tem de viver com o que recebe, que sabemos ser muito.

Gustavo fez uma pausa, suspirou triste e continuou:

– Paulo Sérgio está roubando sua irmã e sua mãe. Ele é trabalhador, esperto, inteligente, mas não tem vocação para trabalhar para os outros. Vi isso, conversei com ele, argumentou: "Papai, Áurea só vem aqui para me arrumar confusão, mamãe é uma devassa que só pensa em gastar. Ainda bem que o senhor fez tudo bem feito, se não ela já teria vendido tudo e estaria na miséria. Papai, estou cansado disso, mamãe só vem aqui para me pedir dinheiro, não é como o senhor, que vem nos ajudar. Só estou pegando o que é justo. Algumas transações, separo o meu." Tentei ainda persuadi-lo a agir com honestidade, aí ele me colocou no meu lugar, eu não era mais nada ali dentro. Procurei Áurea, nada adiantou, ela está brigando muito com o marido. Insisti com ela para que trabalhasse, cuidasse do que era dela, e sabem vocês o que minha filha me respondeu? "Papai, eu trabalhar? Nunca, meu marido é rico, tenho o esperto do meu irmão para fazê-lo por mim. Que ele trabalhe e eu receba!"

Gustavo parou de falar, o silêncio na sala era total. Ana pegou sua mão. Júnior perguntou a ela:

– Dona Ana, o que a senhora acha disso tudo?

– Acho, Júnior, que seu pai é o homem mais maravilhoso que existe e que ele o ama muito. E se sua mãe vier realmente a precisar, você deve ajudá-la, mas agora auxiliará muito mais negando.

– Senhor Gustavo, eu gosto muito do senhor e o admiro – disse Vanessa, levantando-se do seu lugar e o abraçando.

– Eu – exclamou Luciana – tenho o melhor sogro do mundo. Somos, sou feliz aqui nesta cidade pequena, tendo vocês por amigos. Só discordo, senhor Gustavo, de uma coisa: antes podia ser que Júnior tenha ficado com menos, mas agora creio que não, a fábrica cresceu muito.

– Papai, hoje o compreendo e sou grato. Conhece bem seus filhos. Deu a cada um o que lhe era devido. Obrigado! – Falou Júnior, emocionado.

– Sinto que é sincero e me alegro. Você, filho, terá logo a igualdade financeira de seus irmãos e mais paz e sossego.

Tempos depois Gustavo se queixou de dores. Estava tendo má digestão, foi ao médico, que lhe pediu para consultar um especialista. Júnior foi com ele à capital e uma cirurgia foi marcada. Ana foi com ele, operaram-no. Ela ficou o tempo todo ao seu lado. Disseram que era um tumor no intestino e que ele ficaria bem. Ela desconfiou e pediu que Júnior dissesse a verdade.

– Papai tem câncer, está em estado avançado.

– Ele vai morrer... – Balbuciou, trêmula.

– Todos nós vamos...

Voltaram para casa, ele se sentiu melhor, chamou a companheira e o filho.

– O que tenho? Podem dizer! É grave?

– Não, papai, claro que não! Ficará bom e...

– Está bem, não precisam dizer mais nada. Filho, acho que não vou mais à fábrica, vou me aposentar. Se tiver alguma dúvida quanto à administração, tire logo. Cuide de tudo!

Os dois entenderam que ele sabia, preferiu fingir que acreditava neles. E não se tocou mais no assunto.

– Dona Ana – disse Júnior –, vou arrumar outra empregada, Ruth poderá ajudá-la a cuidar de papai.

Assim o fez, arrumou outra empregada e logo depois mais outra para ir no domingo, folga desta. Ruth passou a ajudá-la com muita dedicação.

Gustavo piorou. O grupo espírita que visitava doentes vinha sempre vê-lo, ele gostava, orava junto e recebia o passe.

Um dia, com todos reunidos ele pediu:

– Quero pedir a vocês um imenso favor. Não quero voltar ao hospital. Quero ficar aqui...

– Mas papai...

– Por favor, filho, faça isso por mim.

– Faço! – Afirmou Júnior.

– Obrigado!

Júnior contratou um enfermeiro, depois mais outro. O quarto transformou-se, havia de tudo para atendê-lo. Ana deixou a cama só para ele, comprou outra para ela, que foi colocada ao lado da dele. Já não trocava de roupa para deitar, só descansava quando ele dormia. A enfermidade piorou e ele passou a sentir muitas dores. Ana sofria por ele, ficava ao seu lado o tempo todo.

– Ana – disse ele –, você sempre me agradeceu, agora sou eu a agradecê-la. Está fazendo muito por mim. Não sei se faz só por gratidão, você nunca me disse que me ama. Não sei por que, minha querida, mas meu coração quer acreditar que sou amado.

Ela carinhosamente segurou sua mão, pensou: "Sempre temi dizer a ele que o amo. Um medo bobo me impede de falar, é um temor que parece que, se eu disser, ele me abandonará. E agora? Irá ele me abandonar ao desencarnar? Não! Tenho a certeza de que só se ausentará".

– Gustavo...

– Dona Ana! – Ruth entrou no quarto afobada e sem bater na porta. – Os filhos do senhor Gustavo chegaram...

Ela tinha ouvido barulho de carro, reconheceu ser o de Júnior, mas este estava sempre na chácara; também tinha ouvido barulho de outros veículos, mas não deu atenção.

– Meus filhos?! – Indagou Gustavo, alegre.

– Sim, senhor – respondeu Ruth. – O filho, a filha e os netos.

– Vou recebê-los e acompanhá-los até aqui – disse Ana.

Ela foi à sala e escutou:

– É inacreditável! – Exclamou Paulo Sérgio. – Papai mora aqui!

– Vou acabar acreditando em Júnior, que essa dona Ana não é interesseira – falou Áurea.

– Boa tarde! – Disse a anfitriã. – Sejam bem-vindos ao nosso lar.

Ia dizer humilde, mas não o era para ela nem para Gustavo. Simples, talvez, mas para eles era um lar, e isso era importante e se orgulhavam disso. Cumprimentaram-na polidamente. Áurea observou-a bem. Um dos garotos, já rapazinho, disse:

– Queria ver meu avô.

– Claro, por favor...

O doente alegrou-se, abraçaram-se, conversaram...

– Papai – disse Paulo Sérgio –, estou com uma dificuldade e...

Júnior o olhou advertindo, mas o pai respondeu:

– Paulo Sérgio, é só fazer isso... – Finalizou dizendo: – Quando você tiver dúvida, peça a opinião de Júnior. Duas cabeças pensam melhor que uma. Vocês devem ser mais amigos e trocar idéias.

Ana ficou ao lado dele quieta. Depois de algum tempo de conversa, ofereceu para hospedá-los.

– Obrigada, dona Ana – respondeu Áurea –, já nos hospedamos na casa de Júnior. Amanhã iremos embora.

– Vamos então tomar um café – convidou-os.

Foram, sentaram à mesa e saborearam o café que Ruth tinha preparado. Paulo Sérgio comentou com o irmão:

– Júnior, papai está mal, deveria ter nos avisado.

– Mais ainda? – Respondeu com uma pergunta, deixando-o sem graça.

– É triste vê-lo assim. Não seria melhor levá-lo ao hospital? – Indagou Áurea.

– Já lhes expliquei que papai não quer – respondeu Júnior.

Voltaram ao quarto, ficaram até perceber que o pai estava cansado. Voltaram no outro dia, almoçaram na chácara. Paulo Sérgio, ao se despedir de Ana, falou:

– Tinha idéia de levar papai para um hospital, mas mudei de opinião, ele está bem tratado aqui.

Voltaram mais vezes, não juntos. Gustavo se alegrava com as visitas, mas piorava e as dores eram alucinantes. O médico os advertiu de que ele estava em fase terminal. Ana só saía de perto dele para ir ao banheiro.

– Quero, Ana, que depois você se cuide! – Pediu o enfermo.

Piorou tanto que quase não conseguia mais falar, se tranqüilizou um pouquinho, se esforçou, olhou para ela e disse:

– Minha querida...

Não falou mais e horas depois desencarnou.

Os amigos espíritas vieram e oraram por ele, levaram-no para a fábrica, foi velado lá. Ana não deixou colocar velas e não quis flores, mas muitas pessoas as levaram e o ambiente ficou florido. Muita gente compareceu, empregados, familiares, todos orando, sentiram realmente a perda daquele homem justo e bondoso.

Ana sentou-se ao lado do caixão, não chorou, se esforçava tentando ajudar Gustavo, pedia aos bons espíritos para socorrê-lo e que ele dormisse. Não queria chorar para não perturbá-lo. Ele estava se ausentando. Sabia que a ausência dói, a falta física é dolorosa, mas pior é achar que a morte do corpo é separação. Tinha a certeza de que se reencontrariam.

Os familiares de Gustavo chegaram, cumprimentaram-na. Viu Lorena, estava vestida luxuosamente, chegou perto do caixão, tirou um lenço e enxugou umas lágrimas. Disse a Paulo Sérgio:

– Tire esta mulher daqui, sou a esposa legítima.

– Mamãe, por favor, não crie confusão, a senhora é a ex! – Pediu Paulo Sérgio.

– Mamãe, a senhora prometeu. Por favor, comporte-se! – Júnior disse com firmeza.

Ana escutou, nada respondeu, continuou ali a receber os pêsames. Após o enterro, os familiares dele voltaram para a cidade onde moravam, nem passaram na casa de Júnior, que acompanhou Ana até a chácara. Ela estava cansada, o enteado lhe deu um calmante e ela dormiu por horas. Acordou e ouviu Ruth na cozinha, foi para lá.

– Ruth, temos de nos organizar. A vida continua, embora tenha mudado. Nada mais será como antes. Sentirei muito a falta de Gustavo, mas temos de ajudá-lo. Vou hoje à reunião do Centro Espírita, quero agradecer aos amigos e pedir que o ajudem a adaptar-se no plano espiritual.

Foi. Agradecer o auxílio que recebemos é gratificante. A gratidão tem fluidos balsâmicos que envolvem beneficiadores e beneficiados.

No outro dia, Ana reuniu todos na chácara.

– Júnior, quero que cuide da demissão dos enfermeiros, não iremos mais precisar deles.

– Vou fazer isso hoje mesmo – respondeu o moço. – Vou indenizá-los. Quero também a opinião da senhora sobre um assunto. Queria que Félix, o filho de Nicanor, viesse morar na casa de Ruth, vou aumentá-la, e também que a outra empregada continuasse aqui. Ruth poderá ter um quarto aqui, ficaremos mais tranqüilos com vocês duas juntas. Bem, a não ser que a senhora venha morar com um de nós...

– Você me conhece, Júnior, disse primeiro a alternativa que eu escolheria. Sim, aceito sua opinião. Félix substitui senhor Nicanor desde que ele se aposentou. Mora numa casa simples, ficará contente de residir aqui, é um bom empregado. Pode aumentar a casa. Ruth já estava dormindo aqui desde que Gustavo piorou, agora deve ficar definitivamente. Vamos aproveitar que estamos aqui reunidos para resolvermos o que fazer com os pertences do meu querido companheiro. Vou hoje mesmo modificar o quarto, mandarei os remédios, tudo que usamos na enfermidade dele para o hospital.

Separaram todos os objetos dele. Júnior levou muitas coisas para a fábrica, o resto seria doado, ficando só com alguns como lembrança. Foram livros, relógio, discos, pouca coisa, mas de significado carinhoso.

No outro dia tudo estava modificado. Ana recebeu muitas visitas e veio a saber o tanto que seu companheiro ajudava financeiramente a muitas entidades filantrópicas.

Ela às vezes chorava, a saudade doía, mas orava pedindo ao Pai forças e consolo, queria que Gustavo a sentisse bem e conformada. Incentivava-o com pensamentos otimistas: "Fique bem! Alegre-se, aceite o que lhe é oferecido!" Embora a ausência doesse, se consolava pensando que um dia iria desencarnar e esperaria esse acontecimento com paciência, e então estariam novamente juntos.

– Dona Ana – disse Ruth –, a senhora está se esforçando bastante. A senhora é espírita!

Ana sorriu, era para ela o maior elogio que recebera. Respondeu:

– Obrigada, Ruth!

Compreendeu que muitos se dizem espíritas, mas será que são realmente? E ter escutado isso de Ruth, seguidora da Doutrina há tantos anos, a motivou. Entendeu que são nas provas difíceis que demonstramos ser o que nos propomos. Era espírita, e como isso lhe fazia bem!

Ela e Ruth decidiram que a outra empregada viria aos sábados, domingos e às segundas-feiras; ela aceitou contente, teria mais tempo para a casa. Trabalharia quando a casa estivesse com visitas, pois todos continuavam a vir nos finais de semana.

Félix mudou, tinha muitos filhos, e a chácara continuou sendo alegrada por muitas crianças e jovens. Todas as festas da família eram lá, como também era ponto de excursão de creches e de escolas: iam à chácara e eram recebidos com doces e bolos. A criançada da vizinhança estava sempre por lá a brincar e saborear as frutas do bem cuidado pomar.

– Ruth – disse Júnior –, estive pensando que vocês duas precisam descansar, viajar...

– Uns amigos vão numa excursão visitar, conhecer o Chico Xavier, queria ir... – Respondeu Ruth, contente.

– Pois vão! Está decidido! Organize tudo – afirmou Júnior.

– Obrigada, Júnior, mas não quero ir. Ruth irá, mas prefiro ficar aqui, não gosto de viajar – disse Ana.

Insistiram, mas ela não queria. Júnior então disse a Ruth:

– Vá você, pago tudo!

– Mas eu tenho dinheiro.

– Compre com ele roupas novas, quero que viaje bem vestida – falou o moço sorrindo.

E Ruth foi realizar seu sonho de conhecer Chico Xavier, que despontava como médium dentro do Espiritismo no Brasil.

Ana sempre sentiu muita saudade de Gustavo. Mas sempre teve o cuidado de não perturbá-lo com seu lamento, queria-o bem.

Quando queremos bem uma pessoa, desejamos que seja feliz. Devemos compreender que o desespero só a prejudica e nos esforçar para nos mantermos em equilíbrio, com bons pensamentos. Depois, ela passou a se dedicar a outros que sofriam. Quando fazemos isso, nosso fardo fica leve, o tempo passa mais rápido, suavizando dores, porque esquecemos das nossas quando acudimos os outros, tudo fica mais fácil. É uma terapia muito boa auxiliar o próximo.

Ana passou a se dedicar mais ainda à Doutrina, trabalhando muito na assistência social.

Júnior passou a cuidar das finanças, pagava os empregados da chácara a dava à madrasta dinheiro para as despesas. Ela, quando se aposentou, disse a ele:

– Não precisa me dar mais dinheiro!

– Dona Ana, farei isso todo mês, gaste com o que quiser. A senhora dá tantos presentes aos netos.

– Você tem notícias de seus irmãos? – Perguntou Ana.

– Estão bem, têm lá os seus problemas, conversamos por telefone às vezes, as reclamações são as mesmas, mamãe continua com seus gastos excessivos. Minha família está aqui!

E era uma família unida em que um podia contar com o outro. Queriam-se bem!

# 13
# Novamente Juntos

Gustavo acordou sentindo-se melhor, sem dores, voltou a dormir. Depois da terceira vez que acordou foi que retomou a consciência. Observou o lugar onde se encontrava e pensou: "Minha melhora no plano físico seria impossível, não tenho dores e não é pela injeção. Estou numa enfermaria de hospital. Então, devo ter desencarnado e estou no plano espiritual e socorrido."

– Graças a Deus! – Murmurou.

Um companheiro de quarto o olhou e comentou:

– Dormiu muito...

– E acordei disposto. Quando foi que desencarnei?

– Ih... outro com essa história... Acordou perturbado... – Falou o homem, fazendo uma careta.

Gustavo sorriu e indagou:

– Como faço para chamar alguém?

– Logo um encarregado virá aqui.

Minutos depois entrou na enfermaria um moço bonito e agradável, que sorriu para todos. Um outro interno, que ocupava o mesmo quarto, o chamou:

– Por favor, Juliano, necessito de notícias!

O moço, que naquele momento Gustavo soube se chamar Juliano, aproximou-se do leito e conversou com a pessoa que o solicitara, depois veio até ele.

– Como se sente?

– Bem melhor. Queria lhe perguntar como devo agir. Posso me levantar?

– Creio que sua melhora será rápida, Gustavo. Vou avisar alguns amigos que você acordou. Acho que é melhor ficar ainda um pouco no leito.

Ele ficou deitado olhando tudo. O senhor ao seu lado estava muito aborrecido. Não queria ter morrido e se queixou:

– Não sei se acredito ou não que morri. É estranho!

– Toda mudança pode parecer estranha se não a entendemos. A morte do corpo nos leva a viver de outro modo, é uma grande mudança. E nosso querer não influi. É melhor aceitar, amigo!

– Gostava de minha casa, de minhas coisas, sinto falta de implicar com os filhos e netos. Você está dizendo isso porque certamente não tinha nada – resmungou o companheiro de quarto.

– Tem razão, não tinha nada! De que somos donos realmente? Do corpo? Este morre independentemente da nossa vontade. De alguma casa? Deixamo-la um dia, querendo ou não. De afetos? De alguém? Não fomos donos de ninguém nem pertencemos a outrem. O senhor se engana, fui, na Terra, encarnado, um homem de posses, tenho uma esposa linda, boa e nos amamos, tenho filhos e netos. Só que, pensando bem, uso o termo "tenho" indevidamente. Mas como dizer? Não sei. Não perdi os afetos, o amor é como a vida, continua.

Uma senhora entrou no quarto, veio com uma linda flor e entregou a Gustavo. Este a reconheceu, era parecida com Vanessa.

– Aninha? – Perguntou ele.

– Gustavo, seja bem-vindo!

– Então não é para ter dúvidas, desencarnei mesmo – sorriu ele.

– Sim e espero que se recupere logo.

– Quero me recuperar e espero saber como fazê-lo, e o mais rápido possível.

– Gustavo, vim convidá-lo para morar comigo, resido nesta colônia numa casa bonita, lembra a chácara. Moro com sete amigos e estamos esperando-o.

– Obrigado, Aninha. Já começava a me preocupar como e o que ia fazer ao sair daqui. Foi você que me trouxe para a colônia?

– Não, você foi desligado e encaminhado para cá pela equipe de amigos, trabalhadores desencarnados do Centro Espírita que freqüentava.

– Amigos! Que bom! Quero agradecê-los! – Exclamou Gustavo.

– Terá oportunidade – falou Aninha. – Agora eu que quero agradecê-lo. Você foi muito bom para minhas filhas. Elas o amam como pai porque você agiu como se fosse. Obrigada!

Ele não respondeu, sorriu, e Aninha lhe deu notícias de todos, ficou aliviado por saber que estavam bem e pensou: "Não quero que sofram por mim".

– É impossível – disse Aninha, lendo seus pensamentos – eles sentem sua falta. Mas como compreendem, estão fazendo de tudo para não atrapalhá-lo. E você está aqui porque fez por merecer. Venho buscá-lo amanhã. Até logo!

Aninha saiu e o senhor, que ficou atento à toda a conversa, comentou:

– Você chegou há pouco e já está indo. Não tem medo do que encontrará fora destas paredes?

– Amigo, é melhor aceitar o que nos está sendo oferecido. Aqui é maravilhoso...

O senhor interferiu:

– Como sabe?

– Sou espírita, segui uma religião que nos esclarece nesse sentido. Existem, amigo, lugares horríveis aonde um desencarnado pode ir. Pensava muito, quando encarnado, na desencarnação. Estou bem e vou ficar melhor, não quero ser por mais tempo motivo de trabalho para os outros.

– Trabalho para os outros? – Perguntou o senhor, estranhando.

– Você não é servido? Então, dá trabalho aos outros. Não pensou nisso? – Indagou Gustavo.

– É...

– Pois não quero ser servido, quero ser auto-suficiente e útil. Sempre fui trabalhador e quero continuar sendo.

– Você não sente falta dos seus familiares? Não tem vontade de estar na sua casa? – Interrogou o senhor.

– Claro! E deverei sentir mais ainda, sei disso e estou preparado. Quanto mais depressa me adaptar aqui, melhor será para mim. Desencarnei e não tem volta, por isso, siga meu conselho, aceite e tudo será mais fácil.

– Sabe disso tudo só porque era espírita? – Quis saber seu companheiro, curioso.

– Sim e porque acreditava. Como vê, facilitei aprendendo antes.

O senhor quietou e Gustavo ficou pensando. Compreendeu que fora socorrido por misericórdia, talvez porque a usou para com o próximo. Cometera erros, arrependeu-se, se voltasse no tempo não os faria novamente. Mas tentou acertar e fez amigos, tanto que trabalhadores desencarnados do Centro Espírita o ajudaram. Era grato por isso. Não queria ser dependente, necessitado, mas fazer por merecer continuar abrigado. Estar socorrido era uma grande graça.

No outro dia, Aninha veio buscá-lo. Ele gostou muito da casa dela e de seus amigos.

Quando se quer, quando se almeja, se consegue, e isso é um fator importante no plano espiritual. Gustavo logo adquiriu conhecimentos para viver bem na colônia e passou a ser útil.

Estava tranqüilo, fez muitos amigos, gostava do trabalho, admirava a organização e a ordem da colônia, e mais, era grato por estar vivendo ali, e quando somos gratos temos de fazer com que a gratidão dê frutos.

No começo sabia de seus entes queridos pelas notícias que Aninha lhe dava. Quando se sentiu seguro, teve autorização para visitá-los. E como foi para ele gratificante vê-los! Estava presente nas lembranças de todos de forma carinhosa. No começo, Aninha o acompanhava. Certa vez ele comentou com ela:

– Não entendo como muitos desencarnados acham ruim ver seus familiares refazendo suas vidas.

– É egoísmo – esclareceu sua cicerone. – Muitos, ao fazer esta mudança, querem que seus familiares sofram por eles, e, se isso acontece, eles se perturbam com as vibrações aflitivas que recebem. Como o entendimento faz falta! Ao entender que nada acaba, a vida não pára, continuamos com nossa individualidade, continuamos a amar e compreendemos que certamente estaremos juntos de novo, tudo fica mais fácil, e não há motivo para tanto sofrimento. O desencarnado deve orar, desejar com sinceridade que os familiares fiquem bem no plano físico; e os encarnados, por sua vez, desejar que o ente querido que partiu pela morte física esteja tranqüilo para fazer essa mudança, que para muitos é difícil devido à falta de compreensão.

E Gustavo ficou aguardando o retorno de sua companheira. Queria que quando ela viesse até ele estivesse bem para recebê-la. Dedicou-se ao trabalho e ao estudo com muito carinho.

Mas foi uma neta que retornou primeiro, a filha de Áurea. A mocinha tinha dezoito anos, sofreu um acidente e veio a desencarnar. Um orientador da colônia em que Gustavo estava o chamou:

– Sua neta, Elenice, desencarnou. Você tem permissão de ir até lá e ajudar a equipe socorrista.

– Como ela está? – Indagou, preocupado.

– Está em processo de desligamento.

Gustavo foi até eles. Desespero, agonia, tristeza e até revolta.

Elenice estava sendo preparada para o velório por encarnados e uma equipe de desencarnados desligavam seu espírito do corpo morto. O avô aproximou-se, ela se debatia, estava perturbada, sem saber o que ocorrera, não queria dormir, tinha medo.

– Minha neta!

Abraçou seu perispírito e o beijou.

Gustavo não teve muito contato com os netos, filhos de Áurea e Paulo Sérgio. Mas queria-os bem e quis, naquele instante, ajudá-la, protegê-la e deixou o amor envolver. Esforçou-se para não se deixar abranger pelas vibrações confusas dos familiares. O corpo dela estava machucado, teve fraturas, cortes, mas ela não sentia dor. Foi um acidente de carro em que viajava com amigos, só ela desencarnou, os outros ficaram feridos.

Elenice quietou-se um pouco e o olhou, apavorada:

– Vovô, vovô... – Balbuciou baixinho.

– Neta querida! Acalme-se! Vovô protege você!

Foi conversando com ela, a mocinha se acalmou, ficou sonolenta e os trabalhadores puderam desligar seu espírito do corpo morto. O desligamento é feito de muitos modos. Alguns são feitos por socorristas, outros por amigos e parentes. Em caso de morte violenta, o desligamento é feito rapidamente, mas nos casos de imprudentes que muito erraram e de suicidas, demora dias, meses, até anos para ser efetuado. Para os bons este processo é sempre mais fácil. Este desligamento é a saída definitiva do espírito da matéria.

E lá ficou o corpo, sendo ajeitado por trabalhadores encarnados. Gustavo a tinha no colo, com a cabeça dela junto ao seu peito. Um socorrista explicou:

– Somos trabalhadores de um pronto-socorro junto à rodovia. Elenice é boa menina, poderíamos tê-la desligado no local do acidente, mas ela ficou muito apavorada e não conseguimos fazê-la dormir. Temos de levá-la ao posto de socorro.

– Agradeço aos senhores. Tenho permissão para acompanhá-la.

Acomodaram-na num leito, Gustavo ficou ao seu lado. A mocinha não conseguia dormir nem ficar tranqüila. Gritos, choros dos familiares a faziam sacudir, ficava aflita e murmurava:

– Não! Mamãe! Não chore! Vou! Estou viva! Dormir, não! Parem com isso!

O avô ficou com ela. Eles lembravam de acontecimentos e ela também vira tudo.

Elenice sempre foi boa pessoa, amiga leal, as colegas choravam, mas muitas oravam, e foram essas orações que ajudaram a acalmá-la por momentos. Mas o desespero dos familiares sacudia a garota no leito. Ela era boa filha, estudiosa, pacificadora, estava sempre tentando fazer com que os pais parassem de brigar, ajudava a mãe com conselhos e carinhos e também a avó. Lorena sentiu; era a primeira vez que Gustavo viu a ex-esposa sofrer realmente. Ela gostava muito dessa neta.

Depois do enterro, com calmantes, quietaram, e Elenice pôde ficar mais tranqüila. Ela pediu:

– Vovô! Não me deixe dormir! Não quero adormecer! Por Deus!

– Calma, querida, estou aqui com você. Acalme-se! – Disse ele, abraçando-a carinhosamente.

Então ele compreendeu. A neta era religiosa, tinha a idéia errônea de que a morte era um sono do qual não acordaria antes do Juízo Final. E ela não queria dormir, ter a bênção do sono reparador.

O médico do posto de socorro veio conversar com ela.

– Não me importo de ter morrido, mas não quero dormir. Não me deixe dormir, vovô – pediu ela.

– Não deixarei, querida. Não vou sair do seu lado.

Ela ficou treze dias no posto e Gustavo não saiu do seu lado, e ela não dormiu. Se o cansaço a fazia cochilar, pulava aflita, tentando ficar desperta. E os familiares não ajudavam, era revolta, desespero e dó dela, que chorava ao senti-los. Só ficava mais tranqüila quando recebia orações de amigas, de Júnior, Luciana, e foram muitas as de Ana. Foi providenciada sua remoção para a colônia, para o hospital na ala de jovens. O avô a acompanhou.

Na colônia recebia menos vibrações dos familiares. Além disso, Júnior e Luciana chamaram a atenção deles com rigor, deram-lhes livros espíritas. Os primeiros foram lidos por curiosidade; os demais, com interesse, e fizeram bem a eles, consolaram-nos. Foi um chacoalhão para eles essa dor. Áurea e o esposo se uniram no sofrimento, mudaram alguns conceitos, até Lorena começou a pensar que também iria morrer um dia, teve medo e começou a refletir sobre sua vida, passou a ir mais à igreja, a orar e até a fazer caridade.

Elenice ficou internada muitos meses, fez tratamento, e só depois de oito meses que dormiu tranqüila, perdeu seu medo de adormecer. Foi aos poucos se entrosando com outros jovens. Quando saiu do hospital, foi morar no alojamento com outras mocinhas. Gustavo ficou todo o tempo de que dispunha ao lado dela.

– Obrigada, vovô – agradeceu a garota. – Sabia que o senhor era bom, mas não calculava o tanto. Agora o senhor não precisa mais ficar muito comigo, estou bem, tranqüila e tenho certeza de que serei muito feliz aqui. Nunca pensei que fosse tão simples a desencarnação. Fiz um drama à toa.

E o avô só se tranqüilizou em relação a ela quando a viu adaptada no plano espiritual.

A primeira vez que Gustavo foi a uma excursão ao Umbral para conhecer em estudo, voltou apreensivo pelo que viu. Ele visitou um local perto do posto de socorro. Um orientador, vendo-o triste, conversou com ele:

– Gustavo, por que está assim?

– É que vi tantos sofredores! Reconheci lá um senhor que desencarnou com câncer como eu e não pôde ser socorrido.

– Meu caro, há formas diversas de sofrer, uns se revoltam e esse sofrimento não lhes serve para nada, outros se conformam, agem certo e isso lhes dá merecimento para receber ajuda. E alguns, como você, se regeneram devido à dor, entendem o sofrimento, vibram melhor com ele, que é motivo de reflexão para progredir.

– Muitos pediam socorro...

– Gustavo – continuou a esclarecer –, para ser socorrista no Umbral é preciso aprender a distinguir um pedinte que quer alívio de outro que quer se melhorar. Existe o errado gozador, que erra por prazer, e quando vem a reação, a dor, se torna errado sofredor, mas continua sendo errado. Para ser socorrido é necessário, para o bem dele e do local onde será abrigado, que se arrependa e queira melhorar. Ninguém muda só com a desencarnação, mas sim quando compreende e quer a mudança, transformando-se para o bem. Não basta só pedir socorro; antes, é preciso querer essa melhora, converter-se de sua maldade e imprudência e não só almejar o fim de seu sofrimento.

Gustavo entendeu.

Há formas diversas de arrependimento, nuns o remorso é destrutivo, odeiam seu erro e pelo desespero cometem outros, como aconteceu com Judas Iscariotes, que se arrependeu da traição que fez ao mestre Jesus e se suicidou, cometendo outro grande erro. O arrependimento deve ser construtivo, devemos querer reparar com sinceridade a ação indevida. Eu, Antônio Carlos, tenho ido muito ao Umbral e de fato vemos muito isso, pedidos aflitos, desesperados de ajuda, mas infelizmente, em muitos, é somente para o alívio de seus padecimentos; uns até querem ficar sem as dores para se vingar, outros pensam em voltar aos seus prazeres mundanos. São poucos que despertam para a mudança, para o querer melhorar-se, por causa do sofrimento. E ele pode ser visto de diversas maneiras: como castigo, oportunidade para mudar, se regenerar ou aprendizado para o progresso. Muitas vezes, no começo, o desencarnado que sofre no Umbral pede alívio; não tendo, se revolta e a dor persistente o leva a pensar diferente. Então é socorrido e essa vontade de mudar pode passar com as dificuldades e ele voltar aos antigos erros; não mudou, ficou só no querer.

Mas os socorristas auxiliam também os que querem alívio; sempre é dada uma oportunidade para os pedintes mudarem. Dificilmente essa chance é dada aos revoltados, aos que se julgam injustiçados e aos que querem vingança.

É um equívoco achar que basta pedir socorro para ser auxiliado. Muitas vezes dar alívio antes do tempo é privar a pessoa de aprender.

Isso não acontece só com os desencarnados. Todos nós queremos nos livrar das reações que nos trazem sofrimento e nem sempre abdicar das ações erradas. Somos livres para pedir alívio, mas normalmente quem socorre deve entender que quando o amor não consegue ensinar, a dor tenta, e que o sofrimento pode levar à transformação. Felizes os que entendem e mudam para melhor pela compreensão.

Gustavo começou a ter algumas lembranças de vidas passadas e teve a certeza de que ele e Ana já haviam estado juntos.

Procurou o departamento na colônia que orienta sobre essas recordações e recebeu muitas informações, leu bastante sobre o assunto. Compreendeu que lembrar erros pode ser doloroso, mas nossas ações, tanto as boas quanto as más, nos pertencem.

"É bom recordar preparado" – pensou ele.

E assim que se sentiu apto, recordou. Foram muitas existências, lembrou os fatos mais importantes. Uma, porém, o marcou mais. Normalmente a encarnação que nos fez sentir mais remorso ou aquela em que aprendemos muito entre afetos queridos é a que mais deixa marcas. E esta ele lembrou com detalhes.

Renascera num país europeu, fora camponês, seus pais viviam com dificuldades, embora fossem donos de um pequeno sítio; mas eram unidos e se queriam bem. Seu pai uma vez prestou um favor a um monsenhor e o convidou para batizá-lo, era então recém-nascido. E combinaram que ele seria padre, quando ficasse moço iria para um convento. Cresceu sabendo disso e assim desejava. Seus pais lhe falavam sempre da possibilidade de ser importante dentro da Igreja e até ajudar a família. O padrinho, o monsenhor, mandava dinheiro todo ano para que pudesse estudar e ele o fazia com dedicação. Esperava ansioso a ida para o convento.

Certamente as pessoas que participavam desses fatos tinham outros nomes, mas o que é um nome? Designação para uma encarnação? Vamos continuar chamando-os como na última existência para facilitar o entendimento.

Ana era vizinha de Gustavo, viam-se sempre. Um dia se aproximou dele.

– Será que você poderia me ensinar a ler? Queria muito aprender. Não o incomodarei, qualquer hora que puder estará bem para mim.

Ele fazia serviços leves, estava vigiando o rebanho e atendeu ao apelo, ensinava-a enquanto vigiava os animais.

Envolveram-se, eram jovens, sadios, bonitos e tornaram-se amantes.

– Ana – disse ele, com sinceridade –, não lhe prometo nada. Sabe que vou para o convento assim que meu padrinho ordenar. Não é certo o que fazemos, é melhor nos separarmos, não venha mais aqui, por favor.

– Sempre soube que vai ser padre e não me importo.

– Não me ame, Ana, não faça isso. Se souber que está gostando de mim, não a verei mais. Entendeu? Não me ame, não ficarei com você. Vou para o convento. Serei padre!

– Por que, Gustavo? – Indagou ela.

– Porque foi decidido desde o meu batismo. Meu padrinho custeou meus estudos. Nessa época difícil é privilégio ter um sacerdote na família. Depois, está traçado, não tem volta.

Se desistir os meus pais poderão sofrer, creio que meu padrinho não me perdoará.

– Sei disso e compreendo seu medo.

– Ana, eu também quero isso, entendeu? Eu quero! Sempre quis. Por isso, não me ame.

Mas ela já o amava havia tempo, estudar foi um pretexto para ficar perto dele. Compreendia-o, todos temiam a Igreja, que tinha poderes, e a Inquisição prendia e matava muitas pessoas. O padrinho de Gustavo era um monsenhor temido. Sentiu também que ele era sincero, queria ser padre, tinha vocação.

Aí, Ana descobriu que estava grávida. Naquela tarde disse a ele:

– Gustavo, eu o amo!

– Eu lhe pedi para não deixar isso acontecer, eu lhe roguei!

– Não se manda nos sentimentos – disse ela, chorando.

Ele não falou mais nada, saiu aborrecido de perto dela. Ana decidiu que falaria da gravidez no outro dia.

Mas não o viu mais. Gustavo resolveu partir no dia seguinte sem se despedir de ninguém; foi visitar seu padrinho e pedir a ele para entrar imediatamente para o convento.

Viajou de madrugada, dois dias depois estava na frente do monsenhor.

– Padrinho – disse ele –, me desculpe se vim sem ser chamado, é que estava ansioso para conversar com o senhor e começar meus estudos para ser um sacerdote.

– Está desculpado! Gosto de sua ansiedade. Irá se tornar um bom padre. Pode ficar!

Gustavo ficou no convento.

Ana chorava muito e reclamava: “Por que disse a ele que o amava? Por quê? Foi por isso que ele foi embora antes do previsto. Não deveria ter dito a ele meus sentimentos. Se tivesse ficado calada, ele não teria partido. Talvez quando soubesse da minha gravidez mudasse de idéia. Foi embora, o perdi porque disse que gostava dele”. Isso a martirizava.

Escondeu a gravidez até passar o período que pudesse abortar. Teve medo de que a família não a deixasse ter o filho. Ali perto, havia uma mulher que fazia chás com ervas para abortar e muitas recorriam a ela, principalmente as mulheres solteiras. Ana queria o filho, seria um pedacinho de Gustavo para ficar com ela.

Quando falou, disse toda a verdade, sua família achou ruim, mas, como pessoas bondosas, resolveram apoiá-la. Seu pai contou ao pai de Gustavo e resolveram que o melhor era esconder o fato. Ana ficou em sua casa, seus pais cuidaram dela e dos bebês. Ela teve gêmeas, duas encantadoras meninas, Lívia e Vanessa. Eram sadias e ninguém ficou sabendo quem era o pai.

Os pais de Gustavo foram na sua ordenação e contaram a ele. Sentiu por Ana e pelas meninas e pensou em ajudá-las.

Gustavo tentou ser bom padre. Como o monsenhor, seu padrinho, trabalhava para o Santo Ofício, ele não quis ficar com seu benfeitor, pois ficara horrorizado com a Inquisição, pediu para cuidar de uma paróquia, foi mandado para um lugar distante, uma cidade pequena. Gostou e se dedicou ao seu trabalho. Só que passou a mandar dinheiro a Ana para que ela criasse as meninas. Nunca as viu, mas sempre as auxiliou com o dinheiro que recebia da Igreja.

Protegeu como pôde os perseguidos da Igreja, da política e uma vez quase foi preso. Seu padrinho, agora cardeal, o salvou. Mas começou a incomodar algumas pessoas, foi envenenado e sua morte foi tida como natural.

Ana sempre amou Gustavo, criou as filhas com muito amor e o dinheiro que recebia era como um bálsamo ao seu coração, acreditava que ele as amava. As meninas estudaram e cresceram sem problemas, casaram e nunca ficaram sabendo quem era o pai delas; receberam dinheiro até que ele faleceu. Ana teve tuberculose e desencarnou aos trinta e seis anos.

Encontraram-se no plano espiritual para uma conversa. Gustavo estava preocupado com a Inquisição, trabalhava tentando ajudar desencarnados que odiavam a Igreja. Ana estava preocupada com as filhas, trabalhava numa equipe que auxiliava encarnados. Não tinham rancor. Ele lhe pediu perdão e ela o perdoou de coração.

– Você não me enganou. Fui tola em amá-lo. Nunca deveria ter lhe dito que estava amando você...

Separaram-se. Tiveram outras encarnações.

Gustavo, ao lembrar dessa sua encarnação, pensou:

“Quando as vi naquele restaurante senti algo estranho, confundi meus sentimentos. Foi um reencontro!”

Compreendeu a bondade de Deus, reencontrou-as e cuidou delas. “Não fiz a coisa certa, deveria ter oferecido emprego, trazido as três para a chácara. Mas creio que amei Ana assim que a vi. Tive vontade de ajudá-las e agora sei o porquê. Devia isso a elas. E ainda bem que agi assim. Lívia e Vanessa foram minhas filhas no passado e eu não as criei, não dei proteção, carinho e agora estiveram comigo como filhas de outro. Acho que nesta fui o que deveria ter sido no passado. Pai, obrigado, Deus, por esta oportunidade. Obrigado!”

Entendeu também o porquê de Ana nunca lhe ter dito que o amava.

Já se passaram seis anos que ele desencarnara. Aninha veio visitá-lo.

– Gustavo, Ana deverá se reunir logo a nós!
– Ela está doente? – Perguntou ele, preocupado.
– Está só adoentada, terá um derrame cerebral fatal. Não se preocupe, quando isso ocorrer os amigos do Centro Espírita a trarão até nós.

Aguardou ansioso esse tempo todo para estarem novamente juntos e agora que isso não demoraria sentiu uma grata alegria, mas ficou inquieto com a proximidade do reencontro. Um orientador o aconselhou:

– Calma, Gustavo!
– Luís, é que eu quero ficar para sempre com ela, mas será que minha companheira irá querer?
– Claro que sim! – Respondeu o orientador, animando-o.
– Mas e depois? Teremos de reencarnar, será que nos separaremos?
– Gustavo, você não deve se preocupar tanto com o futuro. Vocês deverão ficar muito tempo no plano espiritual, irão morar juntos. Embora devam fazer tarefas diferentes, terão muito tempo para estar um ao lado do outro. Vocês aproveitaram bem esta encarnação, fizeram por merecer socorro, estar juntos e planejar se reencontrar quando chegar o tempo de reencarnar. Afetos se acham.
– Entes queridos sempre se encontram no plano espiritual?
– Normalmente sim, aqueles que se unem pelo amor acabam juntos, a não ser que, imprudentes, queiram abreviar o tempo de ausência e se matem.
– Os suicidas não encontram seus afetos? – Quis saber Gustavo.
– Leia as questões 944 a 952 de *O Livro dos Espíritos*, de Allan Kardec – recomendou Luís.

Após ter agradecido, Gustavo foi para casa e leu e releu as questões, principalmente a 956, que diz:

"Os que, não podendo suportar a perda de pessoas que lhe são queridas, se matam na esperança de ir reencontrá-las, atingem seu objetivo?"

"O resultado, para eles, é diferente do que esperam, e em lugar de estarem reunidos ao objeto de sua afeição, dele se distanciam por maior tempo, porque Deus não pode recompensar um ato de covardia e o insulto que lhe é feito, duvidando de sua providência. Eles pagarão esse instante de loucura com desgostos maiores que aqueles que acreditavam abreviar e não terão para os compensar a satisfação que esperavam."

Leu também a questão 934 e se pôs a meditar: "Ainda bem que Ana nunca pensou nesse ato tresloucado. Irá desencarnar logo e poderemos estar juntos. Quem o pratica é por falta de fé. E que decepção, morrer pensando em ficar junto e estar separado realmente".

Suicídio é triste! É obrigação dos que entendem ajudar de alguma forma os que têm tendências a cometer esse ato imprudente. O amor deve ser um sentimento que dá força para viver, tanto encarnado quanto desencarnado. E se sofrem pela ausência, pela morte física, devem ter esperança, porque antecipar é prolongar essa separação. Há tanto a fazer no período de ausência! Como Gustavo, que foi por merecimento a uma colônia e lá procurou se adaptar, estudar e trabalhar, e Ana, que procurou consolo nas lágrimas que enxugou, fazendo o bem. E creio que a desencarnação de filhos seja mais dolorida, afetos, entes queridos são todos os que amamos. A vida continua e não é querendo colocar um final num período que resolveremos a situação. A esperança deve ser cultivada porque, se agirem de maneira correta, estarão com certeza novamente juntos.

Ana estava adoentada, foi ao médico, a pressão arterial estava alta. Fez os exames que o médico pediu. Fez repouso, regime alimentar, tomou os remédios e resmungou:

– Ruth, só acho ruim ficar sem ir ao Centro Espírita.

– É só por uns dias, dona Ana. As meninas estão preocupadas com a senhora.

– Meninas? Elas já têm filhos grandes – disse Ana, rindo.

A chácara era ainda ponto de encontro da família. Os netos gostavam muito dela, era a avó com a qual podiam contar sempre.

Tempos antes Ana pediu às filhas, pois a chácara era delas, que se ela morresse Ruth continuaria ali até que também fizesse sua passagem para o plano espiritual. Elas prometeram e Ana ficou tranqüila; não queria que Ruth, a amiga de tantos anos, ficasse desamparada.

Com sua doença, os netos vinham vê-la com mais freqüência.

– Vovó, a senhora tem saudade do vovô? – Quis saber Eleonora, filha de Júnior.

– Claro! Tenho muita. Mas um dia nos encontraremos de novo e ficaremos juntinhos.

– Vovó, o que a senhora irá falar para ele quando o vir?

– Algo que sempre quis falar e não consegui. Umas palavrinhas muito importantes.

– Já sei – disse a sabida garota –, que a senhora gosta dele.

Ana sorriu, a mocinha afastou-se e ela ficou pensando como seria maravilhoso estar com ele de novo.

Os exames iriam ficar prontos na quinta-feira e Ana desencarnou na terça-feira de manhãzinha. Acordou, sentiu-se mal, chamou Ruth, que ligou para Lívia, Vanessa, Júnior e para o médico. Voltou para a cama e sentiu tontura, perdeu os sentidos, dormiu e acordou num leito diferente. Observou por instantes o local, estava certamente num hospital, numa enfermaria. Havia muitos leitos, alguns ocupados por outras mulheres.

"Estou num hospital, mas onde? De encarnados ou desencarnados?"

Não sentiu nada diferente, resolveu esperar, estava muito bem.

De repente, viu Aninha. Na verdade, sentiu que era ela, pois nunca a vira antes, mas teve a certeza quando notou que ela trazia algumas flores. Sorriram.

– Ana, como está?

– Bem, Aninha.

– Me reconhece? – Indagou a visita.

– Sinto que é Aninha. Acho que afetos não se estranham – respondeu a recém-desencarnada.

– Ana, quer alguma coisa? Posso fazer algo por você?

– Onde estou? – Indagou Ana.

– Numa colônia. Amigos do Centro Espírita a trouxeram – respondeu Aninha.

– Que bom!

– Ana, queria agradecê-la.

– Também tenho de lhe agradecer.

Sorriram. Entenderam que amigos sempre têm de agradecer um ao outro.

– Ana, tem alguém aqui ansioso para vê-la – falou Aninha.

– Gustavo?! – Exclamou Ana.

– Sim!

"Gustavo – pensou ela –, amor de minha vida, não tenho mais medo de perdê-lo, estivemos separados, mas unidos em pensamento e, agora, novamente juntos".

– Como estou? Bem? – Ana passou as mãos pelos cabelos, ajeitando-os.

– Está muito bonita! – Respondeu Aninha.

Afastou-se, Gustavo entrou no quarto, aproximou-se devagar. Comovido, sentou-se numa cadeira ao lado de seu leito e pegou a sua mão; ela apertou a dele.

– Ana, minha querida...

– Gustavo, eu o amo!

Emocionados, sorriram felizes.

*FIM*

# OS SEGREDOS DO CASARÃO

Rose, ao se mudar para uma pequena cidade, comprou um casarão abandonado para morar. Com o passar do tempo, se isolou de todos e passou a falar sozinha pelas ruas. Qual seria o motivo de sua loucura? Que mistérios a envolviam? Algumas pessoas tomaram coragem e decidiram ajudá-la. A partir daí, suspense e emoção se mesclam, prendendo o leitor até o final, na tentativa de descobrir *os segredos do casarão*.

ROMANCE DE ELIZABETH ARTMANN

# ROMANCES de LUIZ SÉRGIO GOMES

## A LENDA DE PEQUENA FLOR

Um livro sobre a conquista do oeste americano? Sim, a história vista pelos olhos dos índios sioux. Um romance que fala da opressão e do desejo de liberdade, dos sonhos de almas simples e, sobretudo, da igualdade entre as criaturas. Superando todas as barreiras, inclusive a própria morte, Águia Veloz e Pequena Flor, os personagens centrais do enredo, vêm nos trazer lições inesquecíveis de dignidade e amor!

## HERDEIROS DO DESTINO

Heleno, instrutor de uma colônia espiritual, para exemplificar o que é Lei de Ação e Reação, narra a vida de Henriette, jovem que vivia numa região da França invadida pelos alemães e que, apesar de ser filha do líder da resistência francesa, apaixona-se pelo comandante do exército alemão. Paixão, traição e ressentimento, misturados a importantes ensinamentos espíritas, são os ingredientes que fazem deste livro agradável e proveitosa leitura.

# Livros de Antônio Carlos

Psicografados pela médium

**Vera Lúcia Marinzeck de Carvalho**

## RECONCILIAÇÃO

Fascinante, comovente e esclarecedora narrativa, um livro que agradará a todos. Sua trama envolvente começa com um duplo assassinato: o pai matando a golpes de faca sua esposa e seu filho. Mas, após todo este drama, o leitor viverá uma profunda lição de amor, solidariedade, abnegação e ternura, num relato maravilhosamente comovente. Você irá se apaixonar por ele!

## AQUELES QUE AMAM

Com este romance de Antônio Carlos, vamos viver momentos de grande emoção.

Acompanhamos a trajetória de duas famílias que vêm para o Brasil-colônia em busca de uma vida melhor.

Os primeiros contatos com a nova terra, a vida nas fazendas, a luta contra a escravidão, o encontro de velhos inimigos de vidas passadas, tudo permeado com exemplos de amor e dedicação d'*aqueles que amam.*

## DEFICIENTE MENTAL

**Por que fui um?**

Todos nós nos perguntamos por que algumas pessoas nascem normais e outras com deficiência mental ou física. Acaso? Destino? Ou há explicação mais lógica e profunda para isso?

A convite de Antônio Carlos, alguns espíritos que viveram uma encarnação como deficientes mentais vêm nos responder a essas e a outras dúvidas.

---

# O diário de Luizinho

Por meio de atividades e de um personagem que por sua curiosidade e inteligência causa empatia imediata no leitor, *O diário de Luizinho* ensinará à criança a importância da oração, o que é livre-arbítrio e a viver em grupo, entre outras coisas.

Um presente que estimulará desde cedo o gosto pela leitura e o hábito de escrever.

**Acompanha o livro um lindo presente: Um minidiário para a criança escrever suas peripécias.**

# BIBLIOTECA BÁSICA ESPÍRITA POR ALLAN KARDEC

## O Livro dos Espíritos

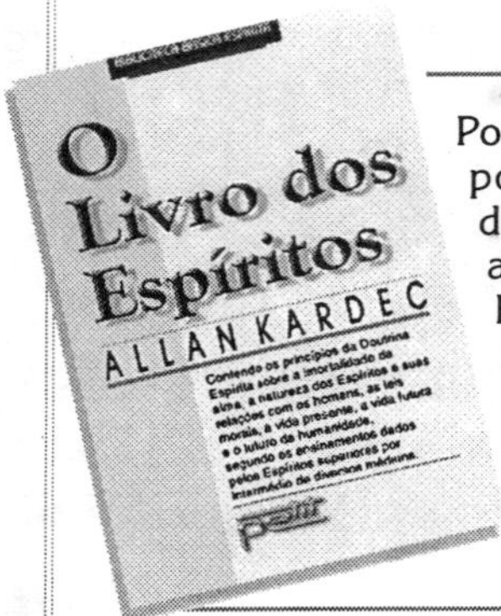


Por que tanto sofrimento, tanta desigualdade; por que há pessoas saudáveis e outras doentes; bebês que nascem e morrem algumas horas depois?
Essa é uma pequena amostra dos muitos temas tratados neste livro, que fala sobre a vida e a morte, o sofrimento e a alegria, o amor e o ódio, nos dando uma idéia clara e principalmente lógica da sabedoria e justiça de Deus.

## O Evangelho Segundo o Espiritismo

Às portas do terceiro milênio, a Petit lança sua edição de *O Evangelho Segundo o Espiritismo*. Com uma linguagem fácil, para que um maior número de pessoas possa entendê-lo, ele nos preparará com segurança para compartilharmos uma sociedade renovada.

Em quatro versões: brochura, espiral, capa dura e de bolso.

**Não encontrando os livros da Petit nas livrarias, solicite-os pelo reembolso postal.**